民航市场营销

黄 娜 霍连才 王益友 主编

第二版
The Second Edition

化学工业出版社

·北京·

内 容 简 介

《民航市场营销》(第二版)知识点以营销学界经典的 4P 理论为核心,结合民航市场中的鲜活案例、市场动态,便于教师指导和学生理解。

全书共九个项目,包括民航市场营销概述,民航客票销售实务,民航市场营销环境分析,航空公司市场定位战略,民航产品营销策略,航空公司价格策略,航空公司分销策略,航空公司促销策略,航空公司市场营销组织、执行和控制。本书在编写中将高等职业教育教学与实践结合,重点在于培养学习者的知识运用和岗位从业能力。为方便教学,本书配有电子课件。本书也配套有微课等数字资源,扫描书中二维码便可获取。

本书可以作为高等职业院校航空运输类、航空服务类专业的教材或参考用书,也可以作为中职相关专业的教材,还可作为企业营销人员的培训教材或者自学用书。

图书在版编目 (CIP) 数据

民航市场营销/黄娜,霍连才,王益友主编. —2 版. —北京:化学工业出版社,2019.7 (2025.2重印)
ISBN 978-7-122-34245-4

Ⅰ.①民… Ⅱ.①黄…②霍…③王… Ⅲ.①民用航空-市场营销学-高等职业教育-教材 Ⅳ.①F560

中国版本图书馆 CIP 数据核字 (2019) 第 060618 号

责任编辑:旷英姿　王　可　　　　装帧设计:王晓宇
责任校对:王鹏飞

出版发行:化学工业出版社 (北京市东城区青年湖南街 13 号　邮政编码 100011)
印　　装:高教社(天津)印务有限公司
787mm×1092mm　1/16　印张 10　字数 201 千字　2025 年 2 月北京第 2 版第 9 次印刷

购书咨询:010-64518888　　　　　　　售后服务:010-64518899
网　　址:http://www.cip.com.cn
凡购买本书,如有缺损质量问题,本社销售中心负责调换。

定　价:29.00 元　　　　　　　　　　　　　　　　版权所有　违者必究

前言
PREFACE

近年来，我国的航空需求不断增长，经济发展有望将民航带入全民消费的大众化时代。高涨的民航需求使得民航从业人员需求数量也直线上升。基于对这一点的认识，越来越多的职业院校日益重视相关高素质人才的培养，以适应社会的需求。

《民航市场营销》第一版出版后得到了众多学校的好评。随着形势的需要，用书学校也根据教学的需要提出了一些修改建议，普遍认为《民航市场营销》应与市场营销学、服务营销学、民航运输等多个学科交叉，因此我们决定对第一版进行修订。本书修订本着理论知识"必需、够用"的原则，力求突出实用性和专业性，并具有以下突出特点。

1. 阐述内容实用

（1）结构合理，循序渐进，材料取舍注重时事性，贴合最新政策法规。

（2）实践性强，配合9个实训任务来加强指导意义，注重能力培养。

（3）穿插于文中的"特别提示""补充阅读""典型案例"从不同方面引发思辨、拓宽知识。

2. 编写体例清晰

（1）每个章节开篇的"名人名言""导读案例"，引发学习兴趣，明确学习目标；"教学目的和要求""教学难点和重点"，言简意赅，方便入门和深入学习。

（2）灵活运用图、表，进一步增强了本书可读性。

（3）配套数字资源。

本书配套有微课等教学资源，便于学生复习重点、难点知识，拓展相关知识等，通过扫描书中二维码便可获取。

本书由青岛职业技术学院黄娜、山东外贸职业学院霍连才、中国东方航空集团王益友主编，青岛职业技术学院赵静、苏亚男、江苏信息职业技术学院程燕、钟茗，信阳职业技术学院姜利参与了编写工作，黄娜负责全书统稿。为了方便教学，本教材配有电子课件和课程网站。教材编写、出版工作得到了化学工业出版社的全力支持，在此致以衷心的感谢！

本书第6次印刷有机融入党的二十大精神，贯彻落实立德树人根本任务，培养未来的民航人应该具有的责任与担当。

在本书编写过程中，编者们参考、借鉴了国内外相关资料及行业内专家的研究成果，由于篇幅所限，未能一一列出，在此对这些资料的作者表示由衷的感谢！

由于编者水平有限，书中难免有纰漏之处，恳请广大读者和专家批评指正，以便及时修改。

编者

第一版前言

未来几年,中国民航运输业将以年均 8%以上的速度高速增长,预计到 2020 年,中国将成为世界第二大航空运输国(包括港、澳、台地区),民航从业人员由现有的 32 万人左右,增加到 60 万～ 80 万人。基于对这一点的认识,越来越多的职业院校日益重视相关高素质人才的培养,以适应社会发展的需求。

本教材的编写就是在这种形势下应运而生的。《民航市场营销》与市场营销学、服务营销学、民航运输等多个学科交叉,编写之初本着理论知识"必需、够用"的初衷,突出实用性和专业性。全书整体编排突出理论与实践相结合,具有以下突出特点。

1. 阐述内容实用

(1)结合民航市场的特点, 基础理论以"必需""够用" 为原则。

(2)结构合理,循序渐进,材料取舍注重时事性,贴合最新政策法规。

(3)穿插于文中的"特别提示""补充阅读""典型案例"从不同方面引发思辨——拓宽知识面。

(4)实践性强,配合 9 个实训项目加强指导性,注重能力培养。

2. 编写体例清晰

(1)每个章节开篇的"名人名言""导读案例"引发学习兴趣,明确学习目标;"教学目的和要求""教学难点和重点"言简意赅地阐明主题,便于入门和深入学习。

(2)灵活运用图、表,增强了可读性。

本书由青岛职业技术学院黄娜、江苏信息职业技术学院程燕、中国东方航空集团王益友主编,黄娜负责全书统稿。具体分工如下:程燕编写第一章和第八章;王益友和青岛职业技术学院张冠群编写第二章;江苏信息职业技术学院钟茗编写第三章和第四章;黄娜和信阳职业技术学院姜利编写第五～七章和第九章。为方便教学,本书还配有电子课件。

在本书编写过程中,编者们参考、借鉴了国内外相关资料和行业内专家的研究成果,由于篇幅所限,未能一一列出,在此对这些资料的作者表示由衷的感谢!

由于编者水平有限,书中难免有纰漏之处,恳请广大读者和专家批评指正,以便及时修改。

编者

2016 年 2 月

目 录 CONTENTS

项目一　民航市场营销概述　　/ 1

导读案例　多家航司坚持绿色发展　护航民众美好出行　/ 2

第一节　市场与市场营销　/ 2
　　一、认识市场　/ 3
　　二、认识市场营销　/ 4
　　三、营销未来发展趋势　/ 5

第二节　民航市场与民航市场营销　/ 5
　　一、中国民航市场发展历史　/ 5
　　二、民航市场营销现状　/ 6
　　三、民航市场营销发展对策　/ 8

第三节　民航市场营销的发展趋势　/ 9
　　一、服务营销和客户关系管理之势　/ 9
　　二、绿色营销之势　/ 10
　　三、网络营销及电子商务之势　/ 10
　　四、品牌营销之势　/ 10

实训任务　调研中国民航资源网网络资源　/ 12

项目二　民航客票销售实务　　/ 15

导读案例　航空公司的"超售服务"　/ 16

第一节　认识客票　/ 17
　　一、客票的样式　/ 17
　　二、客票的种类　/ 18
　　三、客票订座流程　/ 20

第二节　客票销售常见问题　/ 21
　　一、机票超售　/ 21
　　二、客票等级变更　/ 21
　　三、旅客行李收费标准　/ 21
　　四、误机客票处理　/ 21
　　五、漏乘　/ 22

    六、错乘 / 22

    七、特殊旅客接待 / 23

  第三节 民航旅客特征 / 23

    一、民航旅客特征研究的必要性 / 23

    二、民航旅客特征细分 / 24

  第四节 民航客票销售策略 / 25

    一、民航客票传统销售策略 / 26

    二、移动互联网销售策略 / 27

  第五节 民航呼叫中心 / 28

    一、呼叫中心基本服务用语要求 / 28

    二、关键流程标准服务用语 / 29

    三、注意事项 / 31

  实训任务 走访民航呼叫中心 / 32

项目三 民航市场营销环境分析 / 35

  导读案例 中国东航与中国铁路合作实现空铁联运 / 36

  第一节 航空公司市场营销环境概述 / 36

    一、航空公司市场营销环境的内涵 / 36

    二、航空公司市场营销环境的特点 / 37

  第二节 航空公司市场营销微观环境分析 / 38

    一、企业内部 / 38

    二、供应商 / 39

    三、中间商 / 39

    四、顾客 / 39

    五、竞争者 / 39

    六、公众 / 40

  第三节 航空公司市场营销宏观环境分析 / 41

    一、人口环境 / 41

    二、经济环境 / 42

    三、自然环境 / 43

    四、政治法律环境 / 43

    五、科学技术环境 / 43

    六、社会文化环境 / 43

  第四节 SWOT 分析 / 44

    一、内部环境分析 / 45

    二、外部环境分析 / 45

  实训任务 分析航空公司的 SWOT / 47

项目四　航空公司市场定位战略　　/ 50

导读案例　青岛航空——精品航空公司　/ 51
第一节　民航市场细分　/ 51
　　一、市场细分概述　/ 52
　　二、市场细分的标准　/ 53
　　三、民航市场细分的方法　/ 54
第二节　民航目标市场选择　/ 55
　　一、目标市场的含义　/ 55
　　二、目标市场的评估　/ 56
　　三、目标市场选择策略　/ 57
　　四、影响目标市场选择的因素　/ 58
第三节　民航市场定位　/ 59
　　一、市场定位的实质　/ 59
　　二、航空公司市场定位的步骤与方法　/ 60
实训任务　评析航空公司的市场定位　/ 62

项目五　民航产品营销策略　　/ 65

导读案例　南航快乐高尔夫　/ 66
第一节　民航产品内涵　/ 67
　　一、产品整体概念　/ 67
　　二、民航产品的含义　/ 67
　　三、产品生命周期阶段特点及对策　/ 69
第二节　产品组合企划　/ 70
　　一、产品组合、产品线及产品项目　/ 70
　　二、产品组合的广度、深度和关联度　/ 71
　　三、产品组合营销策略　/ 72
　　四、航线航班调整策略　/ 73
第三节　新品开发策略　/ 73
　　一、新产品的概念与类别　/ 73
　　二、新产品开发的程序　/ 74
　　三、民航新产品开发策略　/ 74
第四节　航空公司品牌策略　/ 77
　　一、品牌、商标与名牌　/ 77
　　二、品牌策略　/ 78
第五节　民航服务营销策略　/ 81
　　一、民航产品服务特点　/ 81

二、民航服务营销策略　　/ 83
　实训任务　评析航空公司服务项目　/ 85

项目六　航空公司价格策略　/ 88

　导读案例　海航开通长沙—洛杉矶航线　/ 89
　第一节　航空公司基础价格策略　/ 89
　　一、定价目标策划　/ 89
　　二、定价环境分析　/ 90
　　三、定价方法　/ 93
　　四、新产品定价策略　/ 96
　第二节　航空公司修订价格策略　/ 98
　　一、促销定价策略　/ 98
　　二、心理定价企划　/ 99
　第三节　航空公司变动价格策略　/ 100
　　一、关于降价的分析　/ 100
　　二、发动降价的策略　/ 100
　　三、关于提价的分析　/ 101
　　四、发动提价的策略　/ 101
　实训任务　评析某航空公司产品的定价策略　/ 103

项目七　航空公司分销策略　/ 106

　导读案例　春秋航空公司的渠道策略　/ 107
　第一节　分销渠道结构　/ 107
　　一、分销渠道的概念与特征　/ 107
　　二、分销渠道结构策略　/ 108
　　三、民航分销渠道特点　/ 110
　第二节　航空公司分销渠道设计与管理　/ 110
　　一、影响分销渠道设计的因素　/ 110
　　二、分销渠道设计程序　/ 111
　　三、分销渠道的管理与控制　/ 112
　第三节　电子客票与电子商务　/ 112
　　一、电子客票在民航运输行业的广泛应用　/ 112
　　二、电子商务给航空公司带来的机遇和挑战　/ 113
　第四节　民航客票的分销渠道　/ 114
　　一、民航售票处销售渠道　/ 115
　　二、民航呼叫中心销售渠道　/ 115

　　　　三、互联网销售渠道　　/ 115
　　　　四、移动互联网销售模式　　/ 116
　实训任务　分析航空公司分销渠道策略　/ 118

项目八　航空公司促销策略　　/ 120

导读案例　法航新版全球电视广告宣传片《飞翔》首次中国发布　/ 121
第一节　促销组合策略　/ 122
　　　　一、促销的概念及形式　/ 122
　　　　二、影响促销组合决策的因素　/ 122
第二节　广告策略　/ 124
　　　　一、广告的定义和功能　/ 124
　　　　二、广告媒体的特点　/ 124
　　　　三、广告的运作　/ 125
第三节　营业推广策略　/ 126
　　　　一、营业推广的特点　/ 126
　　　　二、主要的营业推广方式　/ 126
第四节　公共关系策略　/ 127
　　　　一、公共关系概念　/ 127
　　　　二、公共关系工具　/ 128
第五节　人员推销策略　/ 129
　　　　一、人员推销的概念及特点　/ 129
　　　　二、民航推销人员的职责　/ 130
实训任务　评析航空公司的促销组合策略　/ 132

项目九　航空公司市场营销组织、执行和控制 / 135

导读案例　川航从"成渝快巴"到特色航企的发展之路　/ 136
第一节　航空公司市场营销组织　/ 137
　　　　一、市场营销组织的设计　/ 138
　　　　二、航空公司市场营销人员的管理　/ 141
第二节　航空公司市场营销执行与控制　/ 141
　　　　一、航空公司营销策略的执行　/ 141
　　　　二、航空公司营销策略的控制　/ 142
实训任务　策划调研航空公司的某年度营销　/ 145

参考文献/ 147

项目一

民航市场营销概述

企业有两个基本功能：营销与创新。
——彼得·德鲁克（现代管理学之父）

[教学目的和要求]

知识目标：了解我国民航市场营销的发展历程；
　　　　　熟知市场营销的相关概念；
　　　　　熟悉民航市场营销发展对策。
技能目标：能够调研民航市场营销的发展趋势。
素质目标：树立市场竞争意识、风险防控意识；
　　　　　具备传承民航精神的职业素养；
　　　　　养成关注业态发展的职业习惯。

[教学重点和难点]

重点：树立营销理念；
难点：把握民航市场营销的现状。

[关键词]

市场（Market）；
市场营销（Marketing）；
民航市场营销（civil aviation Markets Planning）。

多家航司坚持绿色发展　护航民众美好出行

2021年《行动向未来——金钥匙塑造中国企业低碳行动领导力报告》在《联合国气候变化框架公约》第二十六次缔约方大会上的中国企业馆正式向全球发布。报告收录了2020~2021年"金钥匙——面向SDG的中国行动"中涌现出的优秀企业低碳行动案例。

中国南方航空集团有限公司（简称南航）"绿色飞行"作为打造低碳"源"端典范，以飞机节能减碳、降低地面能耗、旅客绿色出行的绿色发展模式在大会上受到主办方推介。作为中央企业，南航始终坚持以习近平总书记生态文明思想为指导，坚决贯彻党中央、国务院关于碳达峰碳中和和生态文明建设的决策部署。南航是国内首家自主开发航油大数据管理系统、首家开展生物航油研发项目、首家创新航油节约管理模式、首家研发场内车辆智能监控系统的航空公司。加快打造"绿色飞行"责任品牌和"绿色全旅程"服务，倡导"绿色、和谐、创新"的理念，在业内率先推出"绿色全旅程"服务，倡导低碳简约出行新时尚。通过建立全新的客户关系和服务体验，努力成为社会责任领域的践行者、绿色节能减排的引领者、绿色产业结构的变革者。截至目前，南航"绿色飞行"按需用餐已累计节约餐食超过500万份，节约粮食2300多吨，2021全年"绿色全旅程"累计参与人次超2000万。

再比如乌鲁木齐航空有限责任公司积极响应国家及局方要求，开展一系列绿色活动，节能减排，为保卫蓝天作出努力。2018年共开展保卫蓝天项目多达14个，全年节油4582吨。全面启用GPU替代APU项目、使用水洗发动机清洁又高效、优化飞机重心减少燃油耗损等，正是因为一个一个项目的积累和不断努力付出，乌鲁木齐航空有限责任公司在2018年通过14个项目的实施，共减少约1.5万吨二氧化碳排放。短短几年至今，该公司已全力打造成丝绸之路经济带上独具特色的航空综合服务运营商。

通过不断创新创效，服务民航可持续发展战略，我国航空公司必将凝心聚力攻坚蓝天保卫战，护航民众美好出行。

（改编自民航资源网）

第一节
市场与市场营销

当今，任何一家企业，无论其规模、实力如何，它的生产经营活动都是在市场中进行的。同时，作为消费者的一员，也无时无刻不身处在某个市场之中，无时无刻不身处在营销之中。企业要想求生存、图发展，就必须认识市场、了解市场、分析市场，遵循市场规律，运用恰当的营销策略去适应市场、引导消费。想要满足现代消费者的理性消费，则必须在真正意义上理解市场、理解营销。

一、认识市场

从营销定义和营销过程来看，营销的第一步是了解市场和消费者需求，因此掌握市场及其相关概念非常必要。下面来了解关于顾客和市场的四个核心概念：市场，需要、欲望和需求，交换交易，效用。

1. 市场

市场指某种产品的实际购买者和潜在购买者的集合。这些购买者都具有某种欲望和需要，并且能够通过交换得到满足。

2. 需要、欲望和需求

（1）需要

市场营销最基本的概念就是需要。市场营销学中所讲的需要是指人类的需要。人类感到没有得到某些满足的状态，就是与生俱来的需要。

（2）欲望

欲望是指对上述基本需要具体满足品的祈求，是个人受不同文化及社会环境影响表现出来的对基本需要的特定追求。

（3）需求

需求是指人们有能力并愿意购买某种产品的欲望。当一个人有能力且愿意购买他所期望的产品时，欲望就变成了需求。需求实际上是对某种特定产品及服务的市场需求。

将需要、欲望、需求加以区分，其重要意义就在于阐述这样一个事实：市场营销者并不能创造需要，需要早就存在于市场营销活动出现之前；市场营销者连同社会上的其他因素，只能影响消费者的欲望，并试图引导消费者何种特定的产品可以满足其特定需要，进而通过产品的吸引力、适应消费者的支付能力且使之容易被消费者得到等方面来影响需求。

3. 交换交易

（1）交换

交换是指从他人处取得所需之物，而以某些东西作为回报的行为。这是市场营销产生的最直接原因，是市场营销的核心概念。交换的发生必须具备五个条件：第一，交换双方；第二，每一方都有对方所需的有价值的东西；第三，每一方都能沟通信息和传递货物；第四，每一方都可以自由接受和拒绝对方的产品；第五，每一方都相信同对方交易是合适的或称心如意的。具备了上述条件，就有可能发生交换行为。最终是否能达成交换还取决于双方能否找到交换条件，只有当双方都认为自己在交换以后会得到更大利益，交换才会真正产生。

(2) 交易

交换是一个过程而不是一个事件，交易则是交换的度量单位。交易是指交换双方之间的价值交换，它是交换活动的基本单元。如甲把 A 给乙，以此换得 B，这就是交易。如果双方正在谈判，并趋于达成协议，则意味着他们正在进行交换；而一旦达成协议，我们就说双方发生了交易关系。

4. 效用

效用，是经济学中最常用的概念之一。一般而言，效用是指消费者通过消费或者享受闲暇等使自己的需求、欲望等得到的满足的一个度量。效用的衡量指标较为主观，个体之间的差异甚至同一个体在不同情况下对于同一物品的效用评价都有差异。

特别提示 1-1

市场是动态的，消费者对产品的效用体验也是动态的，就像现在春晚标准化的模式满足不了观众的多样化需求而被吐槽一样，航空公司的产品要随大众消费体验的变化而变化。例如，服务的多样化、价格的刺激、产品形式的可选择性等。

二、认识市场营销

如今，成功企业都有一个共同点，即：都注重于以顾客为中心，并强调营销观念。当今企业都绝对致力于在界定明确的目标市场内识别并满足顾客的需求。它们激励组织内的所有员工为顾客创造卓越价值，并形成高层次的顾客满意。

营销同其他企业职能相比更多地涉及顾客、理解、沟通，让顾客满意是现代营销思想与实践的核心内容。

1. 营销的定义

什么是营销？许多人认为营销只是进行销售和做广告。我们每天都能感受到商品的销售，广告轰炸更是在电视、车体、邮箱甚至网页上无处不在。但是，进行销售和广告只是营销的一部分，只是众多营销活动中的两项。

营销管理学派认为，营销是个人和群体通过创造并同他人交换产品和价值以满足需要与欲望的一种社会和管理过程。从信息经济学角度来理解市场营销，市场营销就是要在信息不对称条件下以低交易成本实现交易行为，并使交易达到"双赢"目标，从而使社会资源得以充分利用，使人得到全面满意和全面发展。

从企业这个比较狭义的角度来讲，营销就是和顾客建立有利可图、充满价值的交换关系。更深一层来讲，营销是企业为了从顾客身上获得利益回报，创造顾客价值和建立牢固顾客关系的过程。

2. 营销过程

营销过程包括五个步骤。前四步，企业努力去了解顾客，创造顾客价值和牢固的顾客关系，最后一步企业收获、创造卓越的回报。通过为顾客创造价值，企业也以销售量、利润和长期顾客资产的形式从顾客身上获取回报。

① 了解市场及顾客需求；
② 设计顾客驱动的营销战略；
③ 构建传递卓越价值的营销方案；
④ 建立有利可图的关系，并使顾客满意；
⑤ 从顾客身上收获价值，从而创造利润和顾客资产。

三、营销未来发展趋势

1. 全球化

信息和沟通的便利，使得企业营销人员能够与全球目标客户进行连接。客户群的广泛性，使得企业的产品和服务必须要接受全世界客户的检验。全球化带来的是企业必须要结合顾客的期望需求设计产品和提供服务。因此，世界各国的管理人员都在以全球化而不是本地的视角看待企业所在的行业、竞争和营销机会。

2. 数字营销

数字营销是使用数字传播渠道来推广产品和服务的实践活动。"互联网＋"和数字化信息带来了新一代的沟通和促销工具，营销人员可以利用精心设计的信息与目标顾客进行沟通。顾客可以利用电子商务在任何时间和地点选购产品和服务，并且完成订购和付款，技术的巨大魅力让消费者感到便利和满足。

3. 企业道德和社会责任

企业的道德观和社会责任要求企业在力求经营利润最大化的同时还要对社会负责，许多很有远见的企业已经开始接受它们对周围社会和环境的职责，并把对社会负责看作是未来经营更好的机会，企业正通过服务于社会和顾客的长期利益来获利。

第二节
民航市场与民航市场营销

一、中国民航市场发展历史

民航业的发展是一个国家经济发展的重要表现，民航业在国家综合交通体系中具有不可替代的作用和地位，尤其是在长距离高速旅客运输和国际旅客运输中占据重要而特殊的地位。民航业市场的健全发展体现出国家有更强的竞争力和经济实力。

1949年11月2日，中国民用航空局成立，揭开了我国民航事业发展的新篇章。我国民航事业从无到有，由弱到强，经历了不平凡的发展历程。1980年2月14日，邓小平同志指出："民航一定要企业化"。同年3月5日，中国政府决定民航脱离军队建制，把中国民航局从隶属于空军改为国务院直属机构，实行企业化管理。这期间中国民航局政企合一，既是主管民航事务的政府部门，又是以"中国民航（CAAC）"名义直接经营航空运输、通用航空业务的全国性企业。民航业市场从此开始踏上体制改革的道路，到目前已基本形成政企分开、航空公司与机场分设的管理体制格局。

纵观我国民航业的成长过程，共经历了三次大的体制改革：一是1980年改变军队建制，走上企业化道路；二是1987年至1992年进行管理局与航空公司、机场分立的管理体制改革，在行业内引入了竞争机制；三是2002年至2004年进行了以"航空运输企业联合重组、机场属地化管理"为主要内容的体制改革。随着民营航空的普及、高铁的出现，航空公司之间的竞争也越来越激烈，如果不提高民航的市场核心竞争力，就会给国家民航业带来巨大的冲击。

二、民航市场营销现状

1. 民航运输市场回顾

2002年3月，中国政府决定对中国民航业再次进行重组，主要内容如下。

① 航空公司与服务保障企业的联合重组。中国民用航空局直属航空公司及服务保障企业合并后于2002年10月11日正式挂牌成立，组成六大集团公司，分别是：中国航空集团公司、南方航空集团公司、东方航空集团公司、中国民航信息集团公司（航信集团）、中国航空油料集团公司（航油集团）、中国航空器材进出口集团公司（航材集团）。成立后的集团公司与中国民用航空局脱钩，交由中央管理。

② 民航政府监管机构改革。中国民用航空局下属7个地区管理局（华北地区管理局、华东地区管理局、东北地区管理局、中南地区管理局、西南地区管理局、西北地区管理局、新疆管理局）和26个省（区、市）级安全监督管理办公室（河北、天津、内蒙古、黑龙江、吉林、大连、江苏、浙江、安徽、福建、江西、山西、山东、青岛、河南、湖北、湖南、海南、深圳、广西、重庆、贵州、云南、甘肃、宁夏、青海），对民航事务实施监管。

③ 机场实行属地管理。按照政企分开、属地管理的原则，对90个机场进行了属地化管理改革，中国民用航空局直接管理的机场下放所在省（区、市）管理，相关资产、负债和人员一并划转；中国民用航空局与地方政府联合管理的民用机场和军民合用机场，属中国民用航空局管理的资产、负债及相关人员一并划转所在省（区、市）管理。首都机场、西藏自治区区内的民用机场继续由中国民用航空局管理。2004年7月8日，随着甘肃机场移交地方，机场属地化管理改革全面完成，标志着民航体制改

革全面完成。2004年10月2日,在国际民航组织第35届大会上,中国以高票首次当选该组织一类理事国。

随着人民生活水平和文化素质的提高,空运需求内容将更加丰富,市场需求将呈综合化、多元化态势。市场需求内容的变化要求中国民航运输企业要做好航空运输市场需求的开发和挖掘。目前,国内经济的稳定发展,为中国民航运输市场需求与市场供给的均衡发展创造了良好的条件。无论是中西部地区还是东南沿海地区,无论是公务出差还是休闲旅游,无论是节假日还是传统淡季,客货市场需求内容的整体要求都越来越高。民航业形成了以北京、上海、广州机场为中心,以省会城市、旅游城市机场为枢纽,其他城市机场为支干,联结国内127个城市,联结38个国家(或地区)、80个城市的航空运输网络。民航机队规模在不断扩大。

特别提示1-2

民航资源网2019年1月9日消息:民航局于近期公布,2018年运输航空实现持续安全飞行100个月、6836万小时的安全新纪录。全行业完成运输总周转量1206.4亿吨公里,旅客运输量6.1亿人次,货邮运输量738.5万吨,同比分别增长11.4%、10.9%、4.6%。2018年,我国共有颁证运输机场235个,新建、迁建运输机场9个。根据国际航空运输协会(IATA)统计,2018年全球旅客在航空运输业花费约8610亿美元,约占全球GDP的1%。另外对未来一年客货运市场表现持积极态度。

2. 民航市场营销组合现状

我国民航业具有市场营销的理念和意识相对较晚,随着2003年民营航空进入民航市场后,民航业在具体的市场营销运作上有了一定的改变。

(1)产品

航空运输产品就是航班和航线以及相关服务,在航线网络设置上要注意科学性,要进行深入细致的可行性调查,根据运输市场需求情况和客货流流向等因素确定科学航班计划。在航班时刻上根据乘客心理、航线规划等多种因素作出相应判断、统筹规划、优化时刻,才能更具竞争性。目前航空公司对于航班的机型设置也进行灵活处理,体现产品的多元化特点。

(2)价格

目前的民航运价从最初的政府定价到适度开放,再从实行"一种票价、多种折扣"的多级票价体系回到浮动管理。由此可以看出民航市场在开放性上越来越受关注,但是面对航空运输运力的迅速增长以及国内航空运输市场供过于求的形势,过度竞争的局面也带来低价竞争、代理手续支付过多的情况。

(3)营销渠道

航空市场营销的营销渠道分为两大类:直接销售和间接销售。直接销售,简称直销,就是由航空公司在各地设立自己的销售机构,免去中间环节,直接把机票销售给顾客。间接销售,简称分销,就是航空公司通过中间商把机票销售给顾客。分销曾经出现过管理失控、恶性竞争的局面,给航空运输市场带来极大的负面影响。因此现代航空运输企业已经充分利用现代科技手段及信息网络技术的发展,拓展网络信息化的营销渠道。

(4) 促销

在促销上,航空运输也逐渐改变高姿态,在广告、营业推广上采取多种策略进行产品销售及企业品牌知名度、美誉度提升,特别是企业在自身品牌建立上通过多种方式进行自我强化和内涵建设,企业文化建设水平提高,同时在碰到企业公关危机时,航空企业也能及时反应并进行解决。

三、民航市场营销发展对策

可以预测到,未来中国民航运输市场面临激烈的市场竞争和挑战,中国民航业必须与时俱进、开拓创新、艰苦奋斗、扎实工作,才能开创民航运输市场持续快速健康发展的新局面。

1. 有序适度扩大运力,合理调配现有运力

目前中国民航面临着国际市场疲软、航油价格居高、空域资源短缺、自身能力不足等困难和挑战。航空运输是速度最快的交通运输方式,在综合交通运输体系中的最大优势是它的便捷性。但是,近年来随着航空运输持续快速发展,受空域资源制约等因素的影响,航班延误时有发生,便捷性降低。

空域资源紧张也成为制约中国民航满足百姓更高需求的瓶颈,只有不断调整优化地区机场及干线航路空域结构,才能保证航路畅通。从发展来看,增加运力还是需要的,但要注意把握"有序""适度"原则,切不可盲目增加。可根据不同的季节、不同地区合理调配运力,将运力过剩地区的运力向运力不足的地区转移,做好专营航线,做好联程航班、航班延伸的工作,创造出更好的市场经济效益。

2. 培育航空客运市场,开拓新的有效需求

民航全行业每年的旅客运输量在总的旅客总量中所占比例较小,总体来讲航空运输市场潜力较大。再加上中国支线航空运输市场的需求非常大,在航空客运市场上必须要走综合发展的路子,在航线上干支结合、机型配备上大中小结合、支持发展经济适用的国产机型、降低成本、制定合理的程序和票价等,做到多种措施并举,这样才能够开拓新的有效需求。

3. 以市场和顾客需求为导向,调整产品策略

安全、正点、舒适、优惠的票价及周到的服务是航空旅客乘坐飞机的基本需求,除此之外,不同年龄、不同性别、不同身份和职业的旅客还有着不同的需求。航空公司要提高企业竞争力,就必须结合这些不同的需求积极调整产品策略,注重创立

品牌。

航空公司在安全飞行的前提下误机率低，是很多旅客看重的产品特征。航空公司还要尽量创造一个舒适的乘机环境，在票价上给予旅客一定的客票价格优惠。随着空运市场的发展，航空公司在客票价格方面拥有更大的主动权，可根据客人的不同给予更大的优惠，按航班时刻不同实施早班、晚班、首航优惠和预购、即购、常旅客优惠等措施，在限制的范围内放手经营，让旅客可以充分利用机票价格上的灵活性获得优惠，增加吸引力。

4. 实现代码共享和航空联盟

有竞争亦有竞合，航空公司可以采取合作方式，通过代码共享方式、通过协议的形式，有效控制运力的投放，防止座位的虚耗，提高航班的客座率，并通过双方认可的结算价，在互惠互利的基础上，对航线收入进行合理再分配，以达到稳定客源市场和稳定市场价格的作用。同时，航空公司还可以进一步寻求更广泛、更高层的航空联盟的方式，采取合作方式满足市场需求，形成良性合作局面。

第三节
民航市场营销的发展趋势

一、服务营销和客户关系管理之势

民航业作为典型的服务性行业，市场营销运作侧重趋向于服务营销。所谓"服务营销"，是一种通过关注顾客，进而提供服务，最终实现有利的交换的营销手段。作为服务营销的重要环节，"顾客关注"工作质量的高低将决定后续环节的成功与否，影响服务整体方案的效果。民航公司应结合企业自身的资源，明确目标市场，为目标客户提供针对性的、个性化的服务，使客户满意。

客户关系管理（Customer Relationship Management，CRM）是一个不断加强与顾客交流、不断了解顾客需求并不断对产品及服务进行改进和提高来满足顾客需求的连续的过程。

客户关系管理注重的是与客户的交流，企业的经营是以客户为中心，而不是传统的以产品或以市场为中心。客户关系管理可以通过建立多种交流的渠道，方便与客户的沟通。

由于民航市场所提供的产品同质化现象严重，因此民航市场营销有服务营销和注重客户关系管理之势，注重的是通过服务差异来建立和客户之间的良好关系。

从航空运输产品的本质特性来讲，市场营销的过程更多的是提供服务的过程。在服务业飞速发展、服务领域的竞争日趋激烈的当今社会，服务营销作为航空公司的重要手段，应该具有战略眼光，高瞻远瞩，制定好服务营销发展战略，构筑服务竞争领域的新优势。

常旅客计划是当前航空公司在服务营销及客户关系管理中最常用的一种行之有效的手段。1993年，国泰航空、新加坡航空和马来西亚航空共同实施一项常旅客计划，这是亚洲第一个常旅客计划，截至2010年共吸引570万人参加。目前，中国大型的航空公司都在使用常旅客计划，通过其多元化的服务手段，与乘客建立持久稳定的顾客关系，培养了顾客忠诚度。

二、绿色营销之势

"绿色、环保"已成为当今民航业发展的主题之一。要强化节约意识，建立能源资源节约的体制机制，尤其要大力推动航空油料和土地资源的节约使用。要强化环保意识，建立健全航空污染物排放的法律法规。依靠技术进步，有效控制航空生产活动中产生的噪声、废气、废水、固体废弃物、辐射物质的排放。民航业的绿色发展，就是要加强能源资源节约和环境保护，建设资源节约型、环境友好型民航。

三、网络营销及电子商务之势

许多航空公司提供"电子客票"，有时也叫"无纸化客票"。电子客票与普通纸票之间的区别仅仅在于一个有形、一个无形，所有的功能应该与纸票一样，但事实上，两者之间所存在的差异并不是这么简单。1993年，世界上第一张电子客票在美国VALUEJET航空公司诞生，并大获成功。2000年3月28日，南航推出了内地首张电子客票，可为旅客提供"网上订票""网上支付"和"电子客票"服务。

电子机票的出现顺应了信息时代的市场需求，已成为航空旅行电子商务化的重要标准之一。由于顺应信息化社会的市场需求，中国民航的电子客票一出现，就成为一场新潮流席卷了国内各航空公司。电子客票是电子商务初期市场化的最佳产品，摆脱了物流配送环节，使广大用户可以体验到在线支付即刻拿"货"的消费过程，满足其电子商务的消费心理。电子客票作为世界上最先进的机票形式，依托现代信息技术，实现无纸化、电子化的订票、结账和办理乘机手续等全过程，给旅客带来诸多便利并为航空公司降低了成本。

四、品牌营销之势

品牌营销就是把企业产品的特定形象通过某种手段深刻地映入消费者的心中。品牌营销是通过市场营销，运用各种营销策略，使目标客户形成对企业品牌和产品、服务的认知—认识—认可的一个过程。品牌营销从高层次上讲就是把企业的形象、知名度、良好的信誉等展示给消费者或者顾客，从而在消费者或顾客的心目中形成关于企业的产品或者服务的品牌形象。

品牌营销专家翁向东说："品牌营销的关键点在于为品牌找到一个具有差异化个性、能够深刻感染消费者内心的品牌核心价值，它让消费者明确、清晰地识别并记住品牌的利益点与个性，是驱动消费者认同、喜欢乃至爱上一个品牌的主要力量。"

品牌营销的前提是产品要有质量上的保证，这样才能得到消费者的认可。品牌建立在有形产品和无形服务的基础上。有形是指产品的新颖包装、独特设计以及富有象征性和吸引力的名称等。而服务是在销售过程当中或售后服务过程中给顾客满意的感觉，让顾客体验到真正做"上帝"的幸福感。让他们始终觉得选择购买这种产品的决策是对的，买得开心、用得放心。民航企业的产品由于存在同质化的问题，因此民航企业更要注重在提供产品服务的同时建立企业品牌，在心理上给客户建立差异化的认知感觉。

民航运输市场全球化营销、品牌化营销、服务营销、绿色营销的市场营销理念和趋势正随着市场环境的变化日益更新，不断地改变民航市场整体格局。

当前与今后一个时期，中国民航业将围绕安全发展、效益发展、和谐发展、绿色发展的理念和主题，努力实现"三个转变"。一是促进安全管理由传统方式向现代方式转变。改变传统的纵向单因素安全管理为现代的横向综合安全管理；改变传统的事故管理为现代的事件分析与隐患管理；改变传统的静态安全管理为现代的动态安全管理；改变传统的外迫型安全指标管理为内激型的安全目标管理。二是促进增长方式由粗放型向集约型转变。把不断提高从业人员素质作为促进增长的根本性措施，提高劳动生产率，大力推动科技进步和管理创新，提高行业运行效率和运行质量，改变主要靠扩大运力规模实现增长的做法，更加注重优化航线结构和运力结构，使之相互匹配，提高飞机利用率和经济效益，按照"一次规划、分步实施、功能完善、适度超前"的原则，加强机场等基础设施建设，提高基础设施的经济效益和社会效益。三是促进发展格局由非均衡向均衡转变。统筹区域民航发展，统筹国际与国内、干线与支线、客运与货运发展，统筹航空运输与通用航空发展，扶持中西部和东北地区民航加快发展，促进市场体系由不成熟向成熟转变。深化改革开放，由不完善的市场经济体向更具活力、更加开放、更加健全的现代市场经济体系转轨。促进民用航空由市场优势向产业优势转变。

补充阅读

航空公司加大对"候鸟航线"的运力投入

"现在，从沈阳前往海南岛的三亚、海口航班上，老年旅客、轮椅旅客、带孩子的旅客明显增多。"11月8日，南航北方分公司乘务长王际红向记者介绍说。

据调查，每年进入11月份，随着沈阳进入冬季，很多辽沈旅客特别是老年旅客前往海南岛过冬，待到第二年开春时陆续返回。现在正是"候鸟老人"纷纷向海南岛"迁徙"的时期，同时旅游度假的旅客也比较喜欢选择温暖舒适的海南岛，使沈阳到海南岛成了目前最热的航线之一。

"最热"不仅是旅客需求"热"，而且是各家航空公司竞争"热"。沈阳—海口航线每天有南航、首都航空、成都航空、深圳航空、昆明航空、海南航空、桂林航空等7家公司执行11个航班；沈阳—三亚航线每天有南航、深圳航空、海南航空、四川航空、首都航空、春秋航空等6家公司执行12～13个航班。

南航北方分公司目前每天执行3班沈阳—海口，4～5班沈阳—三亚，为应对激烈的市场竞争，南航北方分公司于11月7日和中旬引进两架空客A321NEO飞机，并于11月9日起投放到沈阳—三亚航线上以增加航班座位数。A321NEO飞机属于A320系列飞机上的最大机型，总销售座位数为194个，比该公司目前的主力机型A320NEO多29个座位，比A321飞机多16个座位。

伴随着航空公司在这两条"候鸟"航线上的大力投入运力，广大辽沈旅客有了更多的选择，享受到更加优惠的价格和更加优质的服务。南航北方分公司乘务长王际红介绍说："这个时期在航班中，我们会重点关注'候鸟老人'，我们要做到全程关注，主动询问需求，主动提供温水、毛毯。很多老人行动不便，我们更加关心他们，保证空地服务无缝衔接，让他们出行顺利。"

（改编自民航资源网）

 知识拓展：民航组织与航空联盟

微课

 分析思考

1. 通过对该新闻的阅读，谈一下你对民航市场营销发展对策的认识。
2. 从一个消费者的角度思索一下，"候鸟航线"的新生态对个人的旅行生活会带来哪些影响？

 实训任务

调研中国民航资源网网络资源

要求学生查阅"中国民航资源网"，通过网络调研了解民航市场的营销行为、民航市场发展趋势。

【任务目的】

通过访问查阅"中国民航资源网"，培养学生关注民航业的发展概况，关注航空公司的市场营销行为，增强学生学习市场营销的兴趣，提高主动性、积极性。

【任务内容】

要求学生通过调研网站"民航新闻""民航资料""市场分析"等信息，了解、分析民航市场营销的发展趋势。

1. 资料收集，调查提纲

① 新闻点击排行榜；

② 新闻评论排行榜；

③ 近期某大型机场吞吐量；

④ 近期某航司运输旅客人次；

⑤ 其他能够反应民航市场行情、趋势的信息。

2. 民航市场营销的发展趋势分析研讨

研讨活动先由个人提出初步意见，然后小组讨论，并推举代表全班交流。

研讨提纲如下：

① 所调查的航空公司有哪些突出的营销行为，相关数据是什么？

② 所调查的机场有哪些管理措施、运营数据？

③ 所调查的民航市场热点新闻事件和评论主要集中在哪些方面？

3. 撰写分析研究报告

根据上述评析交流的结果，要求每个小组撰写分析研究报告。应包括以下主要内容：

① 所调查的航空公司市场营销活动具体描述；

② 所调查的机场有哪些管理措施、运营数据；

③ 所调查的民航市场热点新闻事件和评论的思考体会。

【任务组织】

本项实训活动组织以线上为例，也可以调整为线下调查。分如下两个阶段进行：

1. 市场调查与分析研究阶段

① 由教师担任项目总指导。

② 由学生开展网络调查，在学生中推举6人作为市场项目督导，其余学生分成6组，均担任访问员。

③ 由学生设计问卷。设计工作可以按组分摊提纲，然后汇总成问卷。

④ 调查结果按照规范要求，由教师组织学生处理统计，并把统计结果公布，供学生研究、评析之用。

2. 市场信息评析阶段

① 由教师担任活动总指导；

② 全班分为6组，确定组长1人；

③ 每一组就调研的民航业相关事件的背景、过程、影响开展讨论；

④ 每组推举1~2人进行全班交流发言。

【任务报告】

学生完成实训任务后应填写实训任务报告，报告主要内容如下：实训目的、实训内容、本人承担的实训任务及完成情况、实训小结。

【任务评估】

姓名学号			班级		任务得分	
一级指标	二级指标	评价内容	考核占比	评价主体	增值评价	增值赋分
职业素养	市场竞争意识 风险防控意识 当代民航精神 职业习惯养成	小组协作完成情况 是否具备市场竞争意识、风险防控意识来分析认识民航业态 是否养成职业习惯、传承当代民航精神	20%	校内教师10%	上一任务分值/本次任务分值	下降5分以下－2/ 下降3分以下－1
				企业教师5%		不变＋0
				组内、组间学生5%		上浮3分以上＋1/ 上浮5分以上＋2
职业素养分值						
任务知识点	学习方法 语言表达 书面表达	民航市场营销发展趋势的认知情况	35%	校内教师15%	上一任务分值/本次任务分值	下降5分以下－2/ 下降3分以下－1
				企业教师10%		不变＋0
				组内、组间学生10%		上浮3分以上＋1/ 上浮5分以上＋2
任务知识点分值						
任务技能点	实践操作能力 创新能力 自我调控能力	通过网络资源调研分析撰写研究报告的能力 可用数据的判断分析能力 根据问题提出解决思路的能力	45%	校内教师20%	上一任务分值/本次任务分值	下降5分以下－2/ 下降3分以下－1
				企业教师15%		不变＋0
				组内、组间学生10%		上浮3分以上＋1/ 上浮5分以上＋2
任务技能点分值						

项目二

民航客票销售实务

市场营销观念：目标市场，顾客需求，协调市场营销，通过满足消费者需求来创造利润。

——西奥多·李维特（现代营销学的奠基人之一）

[教学目的和要求]

知识目标：了解客票的样式种类等相关知识；
　　　　　掌握民航旅客的特征；
　　　　　熟知民航客票的销售策略。
技能目标：能够处理客票销售的常见问题；
　　　　　能够灵活运用客票的销售策略；
　　　　　能够处理民航呼叫中心相关业务。
素质目标：具备敬畏规章、敬畏职责的精神；
　　　　　守住民航安全运输的底线；
　　　　　具备团结协作、吃苦耐劳的精神。

[教学重点和难点]

重点：认知客运票种；
难点：客运常见问题处理。

[关键词]

客运销售（Passenger transportation ticket Sale）；
客票（passenger ticket）。

航空公司的"超售服务"

最近,又有旅客乘坐飞机时因机票"超售"未能登机,这确实是大家都不愿意看到的事情。但是,我们更不愿看到的是:"超售"作为航空运输业一项服务内容被"妖魔化",被视为航空公司为了自己的"利益最大化"而牺牲顾客利益的操作方式。

表面上看,"超售"只不过是一种航班座位销售管理的操作,也表现出服务的特点。跟许多航空运输服务一样,"超售服务"也是随着航空客运的发展而发展起来的。特别是在较早的航空联运中,表现尤为明显。由于当时通信设备有限,航班不稳定,以及旅客自身的原因等,常出现以下几种情况。

① 部分异地出票旅客,运营航空公司没有收到订票的相关信息,未为旅客安排其座位;

② 不能正常到达的旅客先期订妥座位,造成后来旅客无法订到座位;

③ 旅客个人原因,取消行程却未通知航空公司;

④ 改签的旅客需要座位;

⑤ 旅客所持机票为不定期客票。

最初解决这些矛盾的方法,据说是航空公司与客舱的旅客商量,把座位让给急需成行而没有登机的旅客。当然,当年也有很多绅士淑女主动把座位让出来。随着客运量和航线的增加,这样的情况变得更加频繁。航空公司也只能要求旅客在飞机起飞前,在规定的时间内确认机票,才给予保留座位。然而,这些措施和方法给航空公司提供了管理上的方便,却让许多旅客增加了成本和不便。为了提高服务管理水平,也是为了航空公司减少损失,"超售"业务首先在发达的欧美航空市场逐渐形成。这项业务也得到了全球航空公司的认可,成为规范的服务,并写入旅客须知中。在全球航空业中,写入旅客须知中的服务项目,如果是合法的,旅客都应该遵守,这才是国际惯例所在。当然,旅客有疑问,也可通过正常渠道投诉,或走司法途径解决,而不是以"闹事"的方式来解决。

目前,航空公司的"超售"业务,已经发展成为由电脑系统来操作,最大限度地减少了人为失误。但是,即使是电脑系统操作,也同样会出现误差,所以,航空公司也延续了相关的补偿和补救的方法。这里应该着重指出的是,在当前航空市场航班和航线网络密布的情况下,旅客如果遇到"超售"的情况,航空公司一般都能较快地通过免费升舱、改签、转机等方式让旅客及时到达目的地,也只有在较特殊的情况下,才会出现旅客被长时间滞留的情况。

(改编自《"超售"也是航空公司一项重要的服务》,作者:王疆民)

项目二 民航客票销售实务

> 随着航空公司运营效率提高,利润水平也在不断提高。IATA 理事长兼首席执行官汤彦麟也认为,航空业的财务业绩和运营收入均稳步增长。竞争性的机票价格和多样的产品组合,使旅客比以往获得更多益处。航空公司应该积极地应对挑战,不断地调整自己,适应新的环境,趋利避害。

第一节 认识客票

客票作为生产者和消费者之间交易、买卖的重要转换凭证,是整个交通运输业的特点。其中,民航市场的客票销售是个大概念,它不仅仅只是售票一种形式,还包括订座、客票变更、签转、退票、挂失、座位控制和销售代理人管理等一系列与票务相关的工作。

一、客票的样式

客票是一种凭证,也是旅客和承运人的运输合同,同时也是各承运人之间财务结算的凭证,一般客票由承运人或承运代理人所开。客票也被称为"客票及行李票",一般由会计联、出票联、一至四张不等的乘机联及旅客联组成。客票号码由 14 位数字组成,前 3 位数字是航空公司运输凭证代码。客票为记名式,非客票上的人员不得使用,此规定是为了航空安全和方便日后理赔的需要。图 2-1 为航空运输电子客票行程单。

微课
客票的样式

微课
电子客票

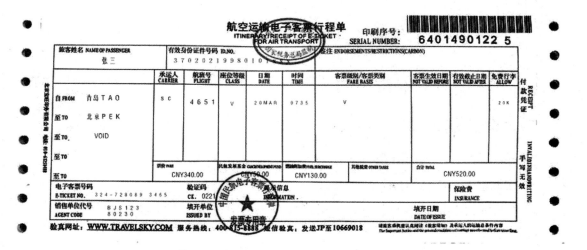

图 2-1 航空运输电子客票行程单

17

特别提示 2-1

中国民用航空总局清算中心应航空运输电子客票行程单管理和使用要求，2013年1月1日，旧版行程单停止使用。新版行程单在印刷序号上方增加一维条码显示，原"机场建设费（AIRPORTTAX）"栏目更改为"民航发展基金（CAACDEVELOPMENTFUND）"。

1. 旅客姓名

全名填写旅客姓名，外籍旅客通常按照其护照姓名及格式填写。

2. 承运人

填写各航程承运人的两字代码，如中国东方航空公司填写 MU 即可。

3. 航班号

填写已订妥座位或已申请座位的航班号，如 MU5103。

4. 座位等级

用旅客所订妥的舱位，以 F 代表头等舱、C 代表商务舱、Y 代表经济舱来填写。

5. 日期

日期只写月和日，不需要写年，日期要用阿拉伯数字以复数的形式出现，1 到 9 前面要加 0，月份用对应英文单词的前三个字母代表，如 8 月 3 号写成 03 | AUG。

6. 时间

以 24 小时制并以四个阿拉伯数字表示，如 0715（上午 7 点 15 分）、1919（晚上 7 点 19 分）。

7. 客票级别/客票类别

DIPL　　外交信使；
CHD　　儿童票；
CBBG　　占用座位的行李；
INF　　婴儿票；
STCR　　使用担架的旅客；
UM　　无成人陪伴的儿童。

二、客票的种类

客票的种类

客票的种类有不同的分类方式。

1. 按照航班的乘坐时间分类

按照航班的乘坐时间等信息，客票可以分为定期客票与不定期客票。

（1）定期客票

也称为 ok 客票。客票上显明航班号、乘机日期与旅客已订妥座位的信息。

（2）不定期客票

也叫 open 客票。客票上未显明航班号、乘机日期与旅客订妥座位的信息。

2. 按照客票的价格特征分类

按照客票的价格特征，可以分为以下几种。

（1）普通客票票价

普通客票票价是指经国家批准的客票票价，同时也可以在此票价基础上实行上下浮动。

（2）服务等级票价

根据对旅客提供的服务等级收取的票价，一般分为三个等级：头等舱票价（F）、公务舱票价（C）、经济舱票价（Y）。

（3）旅程方式票价

旅程方式票价分为单程票价、来回程票价、联程和分程票价。

① 单程票价。通常说的直达票价就是单程票价，目前国家对外公布的普通票价就是单程票价。

② 来回程票价。来回程票价是指一个去程票价加一个回程票价，如东方航空，上海至北京1200CNY，北京至上海1200CNY。有些航空公司会对来回程都买该航空公司机票的旅客给予一定程度的优惠，如东方航空会给来回程都买其机票的旅客10%的优惠，即（1200CNY＋1200CNY）×90％＝2160CNY，该旅客可以少付240CNY。

③ 联程和分程票价。旅客如要经停某地或换乘其他航班，我们称之为联程分程旅客，他们购买的客票为联程分程客票，该旅客实际付的票价应该是按实际航段分段相加计算的票价。

特别提示 2-2

两个或两个以上的航班称为联程航班，联程航班旅客订座时要考虑衔接地的距离、交通状况以及尽量预留衔接时间，一般国内航班衔接不少于两小时，国际转国内、国际转国际不能少于三小时。有些城市有两个机场，衔接时间需要更长，比如上海虹桥机场和浦东机场。

（4）折扣票价、特种票价

① 折扣票价。航空公司为了促销，尤其是在客源量少于运量的航线上，采用促销折扣手段，在原公布票价的基础上，根据不同季节、不同航线、不同客票销售代理人制定不同的折扣标价。另外针对特殊人群、特别购买方式也有特种票价。

在寒暑假期间，在指定的航线上，有些航空公司会对全日制在校学生和教师给予一定程度的优惠。

② 特种票价。

特种票：我国革命伤残军人和伤残人民警察可按照正常票价的 50% 购票。

团体票：对超过 10 人（含 10 人），其航程、乘机日期、航班和舱位等级相同的旅客，航空公司会给予团体旅客优惠票价。

包机价：对于某些旅行社，航空公司会给出一个包机价，不管该航班有多少旅客，价格是固定不变的。

儿童票：年满 2 周岁未满 12 周岁的儿童购买机票可按成人票价的 50% 购买，并且可以单独占用一个座位。

婴儿票：未满 2 周岁的婴儿，按成人票价的 10% 购买机票，但不能单独占有座位。如有一位旅客带 2 名婴儿，其中只能有一名婴儿买婴儿票，但不能占用座位，另一名购买儿童票，可以单独占用一个座位。

（5）多等级舱位运价

除了头等舱、商务舱、经济舱分类外，有些航空公司还通过增加其他附加条件制定不同舱位价格，这些附加条件通常为：是否可以签转；是否可以更改；出票时间先后；付款方式。

如上海至北京 MU5103 航班经济舱里设置了若干个经济舱子舱位，有 K 舱、B 舱、E 舱、H 舱、L 舱、M 舱、N 舱、R 舱、S 舱、T 舱等，价格依次递减。旅客付不同客票价格，得到的服务、餐食标准和正常经济舱旅客完全一样，只不过受到不同程度的限制而已，如是否可以签转、是否可以更改、出票时间先后、付款方式优劣等。

三、客票订座流程

旅客在出发前，航空公司一定要进行座位确定工作，也就是我们通常所说的 chink-in。一般情况下订座分为以下几项工作。

① 确定该旅客的座位（靠窗还是不靠窗）；
② 确定该旅客的座位等级（头等舱、商务舱、经济舱）；
③ 为该旅客行李的体积、重量预留舱位；
④ 确定该旅客是否需要特殊服务。

 知识拓展：购票证件

  微课

第二节
客票销售常见问题

一、机票超售

航空公司为了防止旅客误机和座位虚耗现象，往往售出机票的总数超过飞机实际运载的能力。因此航空公司一定要控制好超售比例，如出现旅客不能成行，一定要做好后续调配和赔偿工作。

二、客票等级变更

客票等级变更分为升舱、降舱，再可细分为自愿升舱、自愿降舱、非自愿升舱和非自愿降舱。客票等级变更时需遵循的补退差价原则如下。

① 自愿升舱，补退差价；
② 非自愿升舱，不补差价；
③ 自愿降舱，不退差价；
④ 非自愿降舱，退差价。

三、旅客行李收费标准

1. 免费托运行李额度

一般航空公司的免费托运行李额度为：头等舱 40kg、商务舱 30kg、经济舱 20kg，该标准持有成人票或儿童票的旅客才能享受，不占座位的婴儿票不能享受。也有计重和计件相结合的方式，常见免费额标准如下：头等舱 2 件、公务舱 2 件、经济舱 1 件。

2. 逾重行李收费标准

逾重行李以 kg 为单位，不足 1kg 时，尾数四舍五入，费率按照经济舱正常票价的 1.5% 收费，我国实行计重制计算行李，美国等国实行计件制计算行李。

四、误机客票处理

1. 由于乘客本人造成的误机

由于乘客造成误机有以下情况。
① 旅客未按规定时间到达机场并办妥登机手续；
② 虽然到达机场但因旅行证件不符合要求或忘带某些证件未能办理登机手续。
乘客误机后的处理方法如下。
① 改乘后续航班；

② 变更航班日期和舱位等级；
③ 退票。

2. 由于航空公司造成的误机

由于航空公司的原因造成的误机如下。
① 客票错开；
② 航空公司航班衔接失误。

由于航空公司造成的误机，航空公司应该做到以下几点。
① 优先安排该旅客乘坐本公司后续航班；
② 若无法安排该旅客乘坐本公司后续航班，签转给其他承运人承运；
③ 航空公司应承担该旅客的食宿费用。

五、漏乘

漏乘和误机的区别在于漏乘是指旅客在航班始发站已办理了登机手续或在经停站过站时未乘上指定的航班，误机是指旅客未在航班始发站办理登机手续。

漏乘的原因从旅客方面来说有以下几个。
① 旅客在候机大厅购买东西忘了登机；
② 旅客在候机大厅等待时未听到登机广播或听不懂登机广播；
③ 航班提前起飞；
④ 航空公司没有清理旅客人数；
⑤ 有些旅客由于某种原因拒绝登机也可归为漏乘行为。

六、错乘

错乘是指旅客乘错了机票上所载明的航班，如果是旅客原因，航空公司应该安排该旅客搭乘后续航班，如果是承运人原因，航空公司应赔偿该旅客等候期间的膳食费用等。

特别提示 2-3

2016 年 2 月据中国台湾的媒体报道，台湾的一名洪姓女子当月 2 日持香港航空电子机票至国泰航空柜台报到，地勤人员疏忽，给了她登机证，也顺利通关，最后却搭错机抵达香港。国泰航空相关负责人指出，该女子原要搭香港航空前往香港，由于当时报到旅客数量多，加上是持电子机票，地勤人员一时疏忽，只核对了英文的姓氏，就给了她一张国泰航空同姓氏的男子的登机证，也恰逢这名男旅客后来没有前来报到登机。就这样，该女子顺利通关出境，并登机前往香港。女子到了香港后，发现有异，向香港航空反映，后经国泰航空协调，女子之后搭香港航空班机返回台湾。国泰航空相关负责人说，事后公司与该女子联系并给予了她补偿，同时公司对员工进行了相关训练。

七、特殊旅客接待

1. 重要旅客 VIP

通常预订头等舱，但也可根据旅客要求预订其他舱位。重要旅客一般是：副部长及以上领导；中国人民解放军、武警部队少将以上军官；中国工程院院士及中国科学院院士等。

2. 婴儿

婴儿是指未满 2 周岁的旅客，婴儿乘机时必须由年满 18 周岁以上的成人陪同。有些航空公司不接受出生 14 天内的婴儿乘机。

3. 有成人陪伴的儿童

2 周岁以上 12 周岁以下的儿童由成人陪伴旅行，购买儿童票可单独占有一个座位。

4. 无成人陪伴儿童

无成人陪伴儿童是指 5 周岁以上 12 周岁以下无成人陪伴单独旅行的儿童，但 5 周岁以下的儿童不可无成人陪伴旅行，应购买儿童票。

 知识拓展：国际旅行证件

第三节
民航旅客特征

一、民航旅客特征研究的必要性

旅客是民航运输市场的主体，民航旅客市场特征的研究在民航界是备受关注的。

民航出行大众化趋势和航空服务个性化、多元化趋势是航空服务业成长的两大趋势，面对复杂和庞大的航空运输市场，任何一个航空运输企业，不管其规模有多大，都不可能满足该市场所有的需求。这是因为，一方面旅客的需求复杂多变，是动态变化的；另一方面，单个航空公司的能力有限，很难满足所有消费者的需求。因此，航空公司必须对市场加以分析、做出选择，集中力量经营适合自己的目标市场，有针对性的深入了解民航旅客的构成及消费行为偏好可以大幅度提升民航企业的竞争力。

二、民航旅客特征细分

1. 旅客出行目的

从图 2-2 显示数据看,按照出行目的划分,2016 年全国国内出港旅客仍然以公商务旅客居多,但是如果将探亲访友和度假旅游旅客统称为休闲旅客,则其比例已经明显高于公商务旅客,其中度假旅游旅客已经接近所有旅客的三分之一。

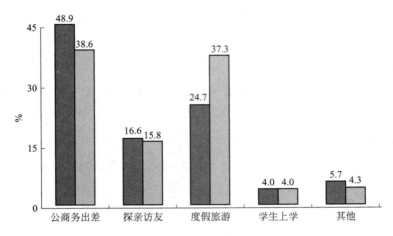

图 2-2 民航旅客出行目的对比分析

淡旺季差别主要表现在公商务旅客由淡季的 48.9% 下降为旺季的 38.6%。同时度假旅游旅客明显上升,由淡季的 24.7% 上升到旺季的 37.3%。探亲访友旅客变化不明显。

2. 旅客购票资金来源

2016 年旅客购票资金来源的调查结果如图 2-3 所示,从图上可以看出,自费旅客的比例高于公费旅客。

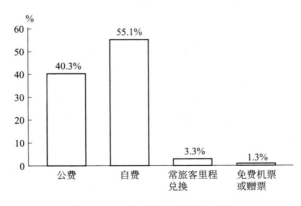

图 2-3 民航旅客购票资金来源

细分航空旅客运输市场,选择正确的市场细分依据是十分重要的。在细分航空旅客运输市场时,主要考虑旅客的旅行目的,可以把航空旅客运输市场细分为公务旅行市场和休闲旅行市场。

(1) 公务旅客由于自己不支付乘坐飞机旅行的费用,与其他旅客相比,对票价反应不敏感。公务旅客具有高度集中的特性,每年旅行的次数远远超过其他细分市场的旅客,但由于其无法提前很长时间预订座位,因此,更多关心的是航空公司的航班密度和航班时刻,对机上服务的水平和地面服务的标准都会成为其选择航空公司的依据。

(2) 在航空旅客运输市场内,旅客人数占主导地位的是航空休闲旅行细分市场。休闲旅行可以理解为旅客在工作时间以外的旅行,旅客自己支付包括机票在内的旅行费用。因此,机票价格的变化会对其产生重要的影响,但对时间就没有像公务旅客那样强烈的要求。

(3) 尽管在航空运输市场中大部分旅客是公务旅客和休闲旅客,但是还有大量的旅客不属于上述两部分细分市场,其中包括:探亲访友旅行、由于医疗等原因的旅行、移民和其他一些原因的旅行。这些旅客的需求不同于公务旅客和休闲旅客,在组织市场营销工作时,同样需要高度重视。

同样的市场,不同企业有不同的处境,这样的差异与在市场中的自我定位和目标的选择有很大关系。每一种战略都有其特点和适用环境,没有谁好谁坏之分,关键在于要有明确的目标选择,不要夹在中间。夹在中间就意味着失去个性,定位模糊,既无法吸引量大面广的低端市场,也无法吸引量少价优的高端市场。

 知识拓展:登机流程

 微课

第四节
民航客票销售策略

随着中国民航业的迅速发展,航空业迅速进入大众出行时代,"高端大气上档次"的传统行业标签显得有点不合时宜了。随着国内各家航空公司运力的不断加大、新兴航空公司的不断加入,现民航运力已出现供大于求的状况。为了更加有效地吸引旅客购买机票,形成了多种多样的客票销售策略,主要有传统销售策略和移动互联网销售策略。

 微课

对号入座以及如何办理升舱或会员

一、民航客票传统销售策略

1. 常旅客计划

常旅客计划（Frequent Flyer Program）是指航空公司向经常使用其产品的客户推出，以里程累积或积分累计奖励里程为主的促销手段，是吸引公商务旅客、提高公司竞争力的一种市场手段。美国航空公司在20世纪80年代就开始了常旅客计划，它是客户关系管理最主要和最核心的部分。他们通过研究旅客的构成发现，部分公务、商务旅客经常乘坐航班，在航空公司整个旅客运输收入中始终占有较高的比例，这部分旅客就是常旅客。旅客加入航空公司的常旅客俱乐部，通过乘坐公司的航班累积里程，达到相应的里程后，可获得公司提供的免票或升舱等奖励。我国的航空公司在20世纪90年代末几乎都引入了常旅客计划，在近10年的发展中，已经累计建立了数十个常旅客计划。如国航的知音卡、东航的东方万里行卡、深航的金鹏知音卡等。

2. 会员营销

会员营销是一种基于会员管理的营销方法，航空公司通过将普通顾客变为会员，分析会员消费信息，挖掘顾客的后续消费力汲取终身消费价值，将一个客户的价值最大化。现在，许多航空公司对客户实行会员制管理，会员分为A、B、C三级，会员制管理内容丰富。他们通过调查发现，七成以上的公司A级会员非常在意能否自由地安排旅行计划，甚至希望视需要随时取消原订的行程与班机。于是，一些航空公司增设一些新的可以满足会员需求的服务，比如A级会员可以在网上购买电子客票以及更改和取消订票，而不需要到订票中心进行换开。此外，航空公司利用数据库中的会员资料识别出客户的身份，还可以为会员提供更为周到的服务，比如针对饮食习惯提供个性化的午餐等。航空公司通过这种方式成功保留住了大批老旅客，还吸引了大量新乘客加入会员行列。

3. 大客户营销

大客户营销，就是针对大客户的一系列营销组合。大客户是相对于一般旅客而言的，一般指的是企业客户或者渠道商，其价值相对比较大，需要一对一地进行客户管理与营销战略实施。其实，大客户计划是归属于常旅客计划的，但它与常旅客累积里程并不冲突，具有双重积分的功能，两者之间有很多不同之处。一般航空公司有五种大客户市场开发模式。一是两方协议模式，由航空公司与大客户直接签订协议，并提供管理和服务的大客户协议形式，该模式是主导模式。二是三方协议模式，由航空公司的销售部门、大客户、服务提供商三方达成购票服务协议。三方协议适用于对服务要求较高、整体票价水平也比较高、年购票量较大的跨国公司、外资企业，或者有其他情况的大客户。三是服务合作模式，在公务、商务较集中的局部市场，通过能够提供较高水准的服务商向航空公司指定的高票价客户提供服务，由航空公司支付服务费用的协议模式。四是特定产品模式，是对特殊客户采用的模式。如果客户使用航线产品较为集中，存在较为稳定的消费规律，可以特别设计航线销售政策，以满足客户的特定需求。五是公司卡模式，是对管理比较松散的大客户采用的模式。

二、移动互联网销售策略

移动互联网营销借助微信、彩信、短信、二维码、手机应用等手机和移动互联网技术，市场上的移动互联网营销主要包括 WAP、APP、彩信、即时通讯（IM）等方式。移动互联时代的到来，给传统航空公司机票销售模式带来了改变与挑战，这种改变与挑战不仅是因科技发展带来终端设备更新而引发的转变，也是一次销售理念和营销模式的变革，更是一次深层次、根本性、颠覆性的改革，该种模式的销售将是未来的主流，其方式也是多种多样的。

1. 即时通讯营销

即时通讯营销又叫 IM 营销，是企业通过即时工具推广产品和品牌的一种手段，也就是网络在线交流。企业在建立网店或者企业网站时会有即时通讯在线，这样潜在的客户如果对机票或服务感兴趣自然会主动和在线的商家联系。

2. 聊天群组营销

聊天群组营销是即时通讯工具的一种延伸，具体是利用各种即时通讯软件中的群功能来开展营销，目前有微信群、MSN 群、QQ 群、旺旺群、米聊群等。聊天群组营销是借用即时通讯工具具有的即时效果和互动效果，通过发布图片、文字等方式进行企业品牌、产品的信息传播和服务，从而让旅客更加深刻地了解企业的产品和服务，最终达到宣传企业产品、品牌和服务的效果，加深市场认知度的网络营销活动，广为企业采用。

3. 搜索引擎营销

搜索引擎营销是当下主要的网站推广营销手段之一，已成为网络营销方法体系的主要组成部分。竞价排名、付费搜索引擎广告、关键词广告、网站链接策略、地址栏搜索等是搜索引擎营销的几种主要方法。

4. 论坛营销

论坛营销又称 BBS 营销，就是利用论坛这个交流平台，通过图文、视频等方式传播企业产品、品牌和服务信息，从而让客户更加深刻地了解企业的产品和服务，而达到宣传企业产品、品牌和服务的效果，加深市场认知度的网络营销活动。

5. 网络事件营销

网络事件营销是组织、企业以互联网为传播平台，通过精心策划、实施可以让公众直接参与并享受乐趣的事件，并通过这样的事件吸引或转移公众注意力，增进、改善与公众的关系，塑造组织、企业的良好形象，以谋求企业更大效果的营销传播活动。

6. 网络图片营销

网络图片营销就是组织或企业把设计好的富有创意的图片，在各大论坛、博客、空间和即时聊天等工具上进行传播或通过搜索引擎自动获取，从而传播企业产品、品牌、服务等信息，来达到营销的目的。

7. 网络视频营销

网络视频营销就是组织或企业将各种制作好的视频短片放到互联网，宣传企业产品、品牌以及服务信息的营销手段。网络视频的形式类似于电视广告短片，它具有电视广告的种种特征，又具有互联网营销的优势，是将电视广告与互联网营销两者优点集于一身。

8. 网络软文营销

网络软文营销，又叫网络新闻营销，一般是借助网络上的门户网站、行业网站等平台来传播具有新闻性、阐述性和宣传性的文章，把人物、企业、产品、品牌、服务、活动项目等相关信息以新闻的方式，及时、有效、全面、经济的向社会广泛传播的新型营销方式。

第五节　民航呼叫中心

1956年，美国泛美航空公司建成了世界上第一家呼叫中心。在20世纪80年代，呼叫中心在欧美等发达国家的电信企业、航空公司、商业银行等领域得到了广泛的应用。航空公司最早的呼叫中心主要用于接受旅客的机票预订业务，那时的呼叫中心更多的应该称为热线电话，除了电话排队外，其全部服务由人工完成。

呼叫中心是航空公司对旅客服务的第一窗口，也是最重要的窗口。新航空公司开航，除了飞行保障外，首先要建设的肯定是呼叫中心系统。呼叫中心座席（Customer Service Representative，CSR）作为直接接触旅客的岗位，其适宜的言行举止至关重要。本部分罗列了呼叫中心座席的常用语，可以更好地服务于旅客。

一、呼叫中心基本服务用语要求

当我们要表达前面这句话的意思时，请用后面那句话来表达，会取得更好的效果。

（1）你找谁？——请问您找哪一位？

（2）有什么事？——请问有什么可以帮到您吗？

（3）你是谁？——方不方便告诉我，您怎么称呼？

（4）你必须……——我们要您那样做，这是我们需要的。

（5）如果你需要我的帮助，你必须……——我愿意帮助您，但首先我需要……

（6）你找他有什么事？——请问有什么可以转告的吗？

（7）不知道（我怎么会知道）——对不起，我现在手头暂时还没有相关的信息。

（8）怎么回事，不可能的（没这种可能，我从来没有……）——对不起，也许需要向您澄清一下……

（9）为什么不行呢？那你叫我该怎么办？——对不起，打搅您了。如果不介意的话我希望过后还能再有机会向您介绍……

（10）知道了，不要再讲了。——您的要求我已经记录清楚了，我们会在最短的时间跟您联系。请问，您还有什么其他要求？

（11）我只能这样，我没办法。——对不起，也许我真的帮不上您！

（12）不行就算了！——如果觉得有困难的话，那就不麻烦您了！

（13）问题是那个机票都卖完了！——由于需求很高，××机票暂时没有了。

（14）你怎么有这么多问题？——看上去这些问题很相似。

（15）我不想给您错误的建议！——我想给您正确的建议。

（16）你错了，不是那样的！——对不起我没说清楚，但我想它的运作方式有些不同。

（17）你没有弄明白，这次听好了。——也许我说的不清楚，请允许我再解释一遍。

（18）这是公司的政策！——根据多数人的情况，我们公司目前是这样规定的……

二、关键流程标准服务用语

1. 查询机票用语

情景：旅客查询机票。

旅客：麻烦帮我查查明天××到××的航班。

CSR：请稍等，现在/正在/立即为您查询。

情景：hold线恢复/查询回来。

CSR：感谢您的耐心等待。

情景：查询时间过长。

CSR：非常抱歉，现在系统速度不够理想，请您稍等。

2. 预订机票

情景：旅客问好。

旅客：小姐，您好！

CSR：您好，请问有什么可以帮到您？

情景：询问旅客姓名。

CSR：先生/小姐，请问怎么称呼您？

CSR：先生/小姐，方便留下您的全名吗？

情景：询问旅客证件号码。

CSR：请问/麻烦提供您的身份证号/证件号。

情景：核对错误旅客信息。

CSR：您的证件号是 12345。

旅客：不对，是 123456。

CSR：非常抱歉，是 123456，对吗？

3. 提醒行李重量问题

CSR：先生/小姐，您的客票为头等舱/经济舱，您的免费手提行李重量限额为 5kg（头等舱 2 件，经济舱 1 件），您的免费托运行李限额为 40/20kg。超重部分行李将按经济舱客票价格 1.5％收取。

4. 主动营销用语

情景：推荐入会。

CSR：成为我航会员可以累加积分，请问您需要吗？

情景：推销机票。

旅客：麻烦帮我预订一张深圳至海口的机票。

CSR：先生/小姐，您好，请问是单程还是往返呢？

情景：推销保险。

CSR：先生/小姐，您的机票加保险一共××元，您看可以吗？

情景：推荐电话支付（旅客完成航段选择）。

CSR：机票已为您订妥，请问您方便电话支付吗？

情景：推荐我航航班。

旅客：小姐，请帮我查询明天昆明—深圳的航班。

CSR：小姐，您好，明天昆明—深圳我们××航空有上午 9:00 和下午 13:00 的。

情景：旅客致电查询特价机票但未预订。

CSR：先生/小姐，特价机票数量有限，建议您尽快购买。

5. 转接电话

情景：旅客要求投诉转接电话。

（1）属于呼叫中心业务范围之内

CSR：先生/小姐，您好！您所反映的问题已经为您做出相应的解答，如果您对此问题仍然存在疑问，请您拨打意见受理部门电话反映您的问题，您看可以吗？（前提保证在业务和服务方面回复旅客均无差错，且征得当班组长同意。）

（2）属于呼叫中心业务范围之外

CSR：先生/小姐，您好！您所反映的问题，将由意见受理部门进行受理，请您拨打意见受理部门电话反映您的问题。（前提保证在业务和服务方面回复旅客均无差错，且征得当班组长同意。）

6. 语音评价

CSR：先生/小姐，您好！请问还有什么可以帮到您？

旅客：不需要。（需要，则继续服务。）

CSR：感谢您的来电！请您听到提示音后对我的服务进行评价，再见！（先于旅客挂机，点"评价"。）

三、注意事项

（1）电话铃响不得超过三声，必须迅速接起电话报："您好！×××号，很高兴为您服务！"语气热情，声调微微上扬。

（2）电话中旅客查询航班、预订机票或咨询有关业务问题时，应礼貌地告知"好的，请您稍等，我马上为您查询（或处理）"。

（3）旅客订国内机票，按正常程序操作，当查询时间超出30秒，应抱歉地说："感谢您的耐心等待！"

（4）当旅客查询的内容不属于你所处理的范围，电话号码须转其他相关部门时，应礼貌地告知旅客："先生（小姐等称呼）！我现在告诉您相关部门的直线电话号码，您可以直接与他们联系。"

（5）当接起电话报完号后，电话中无人应答时，应说三声："您好！"语气应有停顿，若三声后仍无应答，应说："对不起！听不到您的声音，请您稍后再拨，感谢您的来电，再见。"说话语气始终保持平和，之后方可轻轻放下电话。

（6）旅客打进电话遇电脑故障，判断电脑为短时故障时，应略带歉意地说："先生（小姐等称呼）对不起！现在电脑故障，请您稍后再拨。"如长时间电脑故障时，应主动请旅客留下联系电话，记录相关资料，并说："电脑故障排除后，我会及时与您联系，再见！"

（7）当接到大发雷霆的投诉电话时，若投诉内容涉及公司其他部门或旅客要求明显违反公司规定，不是坐席能解决的问题时，应语气委婉地安慰旅客说："先生（小姐等其他称呼）！你的问题需要意见受理部门为您解决，请您拨打投诉键，相关部门将会给您一个满意的解释（或答复）。"

（8）当接到要求解决内容属于业务范围内的问题，而坐席又不能做主解决时，应语气委婉地说："先生（小姐等称呼），现在我将电话转接给当班领导，请您将情况说明，她会给您一个满意的解释（或答复），请您稍等。"并提醒当班领导接听电话。

（9）当接到旅客生气抱怨的电话，内容涉及其他坐席告知错误的航班信息、票价等电话时，应语气委婉地说："先生（或小姐等称呼），对不起！抱歉给您添麻烦了，请您将情况说明，看我能否为您解决。"（注：决不允许在工作岗位上大声喊"谁又订错票"或"谁又报错折扣了"等推诿的话。）

（10）在旅客确定出票前，应告知旅客我们目前仅支持信用卡支付，并告知相关退改签规定（告知将要收取相应手续费，"三不准"客票必须通知旅客）。

（11）为旅客处理完所有订票或查询航班动态、业务咨询等电话时，应热情自然地说："请问还有什么可以帮到您？……谢谢您的来电，再见！"方可轻轻搁下电话。

补充阅读

喜迎全运 幸福航空"幸福全运惠""购机票送门票"产品发布

第十四届全国运动会 2021 年 9 月在陕西省西安市举行,幸福航空作为西安本土航空公司,充分利用区域资源及航空运输企业的行业优势,为家门口这场盛会的圆满举办添砖加瓦。

针对此次全运会,幸福航空特别推出两款专项产品——"幸福全运惠""购机票送门票"。"幸福全运惠"产品面向所有台前幕后人员,8 月 18 日起至 9 月 29 日,全运会工作人员、参赛人员、观众等凭相关证件或票证购买幸福航空西安进出港航线航班客票,可优享机票折上 8.8 折,若需变更,可免收变更手续费一次;"购机票送门票"产品针对 2021 年 8 月 18 日至 9 月 14 日乘坐过幸福航空航班的旅客,参与抽奖即有机会获得一张免费的十四运会正式比赛门票。以上两款产品均可在幸福航空微信公众号购买及参与活动。

据悉,幸福航空两架飞机机身上完成"十四运号"的彩绘涂装工作,并针对涂装过程进行专场直播,带领线上观众第一时间在机库见证"十四运号"的亮相,直播期间还有独家好礼相送。

(改编自民航资源网)

 知识拓展:机场航站楼、机坪安全保障系统

 分析思考

1. 根据补充阅读中的描述进行相关调研,谈一下幸福航空是如何运用区域资源和本土航司优势来进行市场营销的。

2. 从一个消费者的角度,谈一下你对机票价格浮动的接受程度。

实训任务

走访民航呼叫中心

结合当地的实际情况,要求学生选择一家民航呼叫中心,前往走访调研。

【任务目的】

通过走访民航呼叫中心，了解呼叫中心坐席的工作要求，以及在遇到突发异常状况时的处理方法，增强学生参加社会实践活动的主动性、积极性，培养学生敬畏规章、敬畏职责的精神。

【任务内容】

1. 要求学生以小组为单位收集呼叫中心的相关信息

（1）调查呼叫中心的基本信息　呼叫中心的名称、呼叫中心的号码、呼叫中心的岗位划分。

（2）调查各岗位的具体信息　呼叫中心的岗位职责、管理规章，重点关注岗位的考核标准，意见及建议等。

2. 某呼叫中心的调研报告

根据上述评析交流的结果，要求每个小组撰写调研报告，应包括以下主要内容：

① 呼叫中心的基本信息；

② 呼叫中心的岗位划分及职责；

③ 呼叫中心的管理模式；

④ 目前存在的成功之处和不足之处；

⑤ 该项目的补充和修订。

【任务组织】

本项实训活动组织以线下为例，也可以调整为线上调查。分如下两个阶段进行。

1. 呼叫中心调查与分析研究阶段

① 由教师担任项目总指导，并进行团队的组建，建议4～6人为一组。

② 每个团队确定1名同学为团长。团队讨论，确定调研提纲，并设计调查问卷。在题型设计中，大部分可选择封闭性选择题，对"意见及建议"的提问则可采用开放式题型。

③ 每个团队筛选一个呼叫中心作为调查对象。由学生开展呼叫中心实地调查，调查采用走访企业的形式，样本数在20人以上。

④ 各团队对调查问卷进行分析汇总，并撰写调研报告。

2. 研讨阶段

① 由教师担任研讨活动总指导。

② 每个团队就调研情况以PPT的方式，进行汇报交流。

③ 教师对团队的调研结果进行点评。

【任务报告】

学生完成实训任务后应填写实训任务报告，报告主要内容如下：实训目的、实训内容、本人承担的实训任务及完成情况、实训小结。

【任务评估】

姓名学号			班级		任务得分	
一级指标	二级指标	评价内容	考核占比	评价主体	增值评价	增值赋分
职业素养	敬畏规章精神 敬畏职责精神 团结协作精神 吃苦耐劳精神 安全意识	小组协作完成情况 对民航呼叫中心职业的认知	20%	校内教师10%	上一任务分值/本次任务分值	下降5分以下-2/ 下降3分以下-1
				企业教师5%		不变+0
				组内、组间学生5%		上浮3分以上+1/ 上浮5分以上+2
	职业素养分值					
任务知识点	学习方法 语言表达 书面表达	对于任务讨论分析情况 是否掌握调查研究的方式、方法 民航呼叫中心岗位设置、岗位职责、考核标准等	35%	校内教师15%	上一任务分值/本次任务分值	下降5分以下-2/ 下降3分以下-1
				企业教师10%		不变+0
				组内、组间学生10%		上浮3分以上+1/ 上浮5分以上+2
	任务知识点分值					
任务技能点	实践操作能力 创新能力 自我调控能力	针对民航呼叫中心的岗位划分及职责、管理等项目的调研、分析、总结、汇报展示情况 可用数据的判断分析能力 根据问题提出解决思路的能力	45%	校内教师20%	上一任务分值/本次任务分值	下降5分以下-2/ 下降3分以下-1
				企业教师15%		不变+0
				组内、组间学生10%		上浮3分以上+1/ 上浮5分以上+2
	任务技能点分值					

项目三

民航市场营销环境分析

知己知彼，百战不殆。

——《孙子兵法》

［教学目的和要求］

知识目标：了解航司市场营销环境的概念及重要性；
    熟知航司宏观、微观市场营销环境构成；
    熟知SWOT分析法。

技能目标：能够分析航司宏观、微观市场营销环境作用；
    能够运用SWOT分析法调研分析具体案例。

素质目标：树立市场竞争意识、风险防控意识；
    具备传承民航精神的职业素养；
    养成关注业态发展的职业习惯。

［教学重点与难点］

重点：理解营销环境的构成及特点；
难点：掌握SWOT分析法。

［关键词］

市场营销环境（Marketing Environment）；
微观环境（Micro Environment）；
宏观环境（Macro Environment）。

导读案例

中国东航与中国铁路合作实现空铁联运

自 2019 年起，中国东航与中国铁路开始合作，双方于 2020 年 8 月携手实现了东方航空 APP 和铁路 12306 APP 的全面系统对接，"飞机+高铁一站式联订""一个订单一次支付"开创了中国民航和高铁销售平台全国首次互联互通，开启了铁路车次、航班信息的数据共享。目前，旅客可通过铁路 12306 APP 购买"空铁联运"产品，通过上海、北京、西安、昆明等 41 个枢纽城市进行中转，可通达 600 多个火车站点，实现航空段与 1000 余个火车段的双向联运。

（改编自上海市人民政府新闻）

> 现代企业的营销活动总是受到周围各种环境的影响和制约，航空公司必须对市场营销环境进行检测和研究，密切关注其变化，把握发展契机、规避经营风险，促使企业走向兴旺发达。

第一节 航空公司市场营销环境概述

航空公司并非生存在真空中，生物学家达尔文所说的"物竞天择，适者生存"同样适用于商业竞争。所以航空公司需要了解什么是市场营销环境，并对环境因素进行逐一分析，为战术和策略的制定打下坚实的基础。

一、航空公司市场营销环境的内涵

按照营销学之父菲利普·科特勒的解释：市场营销环境是指影响企业的市场和营销活动的不可控制的参与者和影响力。具体地说就是环境因素一方面影响企业最关注的消费者的行为，另一方面直接影响企业的市场营销管理能力。

企业市场营销环境的内容广泛又复杂。不同的因素对营销活动各个方面的影响和制约也不尽相同，同样的环境因素对不同的企业所产生的影响和形成的制约也会大小不一。

市场营销环境的构成如图 3-1 所示。市场营销环境分为微观营销环境和宏观营销环境。微观营销环境指与企业紧密相连，直接影响其营销能力的各种参与者，这些参与者包括企业的供应商、营销中间商、顾客、竞争者以及社会公众和影响营销管理决策的企业内部各个部门；宏观营销环境指影响企业微观环境的巨大社会力量，包括人口、经济、政治法律、科学技术、社会文化及自然地理等多方面的因素。微观环境因素主要影响企业为其目标市场服务的能力,因此也被称为直接营销环境。宏观营销环境主要以微观营销环境为媒介间接影响和制约企业的市场营销活动,因此也被称为间接营销环境。

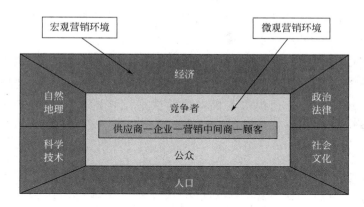

图 3-1　市场营销环境的构成

营销环境对企业影响巨大,企业必须重视对环境的分析和研究。市场营销环境对企业构成威胁的同时也可以为企业提供机会。所以分析环境的根本目的是避免风险,寻找机会。

二、航空公司市场营销环境的特点

1. 客观性

市场营销环境作为一种客观存在,是不以企业的意志为转移的。企业和人一样在特定环境条件下生存、发展。不可否认,航空企业在一定的环境下进行营销活动的同时也受到各种各样环境因素的影响和制约,包括微观的、宏观的。因此,航空企业需要正视环境的客观性,积极调整自己的策略来适应客观存在的营销环境。

2. 关联性

市场营销环境是一个由多个因素构成的系统,在这个系统中构成营销环境的各种因素和力量是相互联系、相互依赖的。某一因素的变化,会带动其他因素的相互变化,形成新的营销环境。例如,航空企业开辟新航线时,不仅要受到经济因素的影响和制约,更要受到法律法规的影响和制约。再如,票价的制定不但受市场供求关系的影响,而且还受到竞争对手及财政政策的影响。

3. 不可控制性

企业一般不可能控制营销环境因素及其变化,不论宏观环境中巨大的社会力量,还是微观环境中那些和企业联系紧密的因素都不是凭借企业力量可以改变的。例如,国际民航普遍认同的《芝加哥公约》《巴黎公约》等法规,企业不可能随意改变。科学技术的进步使得高铁应运而生,高铁对航空公司的影响显而易见,可以说给很多航空公司带来了明显的威胁。

4. 差异性

虽然从整体上看,同一国家、同一地区的营销环境尤其是宏观营销环境基本上一致,但是这种一致是相对的。市场营销环境的差异性不仅表现在不同的企业受不同环境的影响,而且同样一种环境因素的变化对不同企业的影响也不相同。例如,不同的国家、地区、民族之间在人口、经济、政治、社会文化、法律、自然地理等各方面存在着广泛的差异性。这些差异性对跨国企业营销活动的影响显然是很不相同的。由于外界环境因素的差异性,企业必须采取不同的营销策略才能应付和适应这种情况。例如,经营国际航线的航空公司提供飞机餐的时候必须考虑到涉及国家的乘客的饮食习惯,机上必须提供多语种服务等。

5. 动态性

营销环境因素并不是一成不变的,而是随着时间不断发生变化。例如,航空公司今天的环境与十多年前的环境已经有了很大的变化。航空业规模和产业结构发生了巨大变化,航空需求明显增加,顾客类型增加,竞争日趋激烈,行业法规不断完善。因此,某一时刻航空企业对市场营销环境的适应并不等于将来也可以适应,随时监控环境变化是十分必要的。

第二节 航空公司市场营销微观环境分析

微观市场环境和企业的营销活动联系最为密切,直接影响企业为目标市场所提供的产品以及服务。供应商、企业内部、中间商和顾客这一生产销售链条上的参与者都成了微观环境因素。此外,企业的营销活动还受到竞争者和公众的影响和制约。

一、企业内部

企业虽然面临相同的外部环境,但是不同的企业采取不同的营销活动,最终效果大相径庭,这是因为它们有着不同的内部环境因素。航空企业是由多部门、多岗位及众多人员组成的整体,良好的内部环境是企业顺利开展营销活动的前提条件。企业是否形成了良好的文化氛围以及组织结构是否有利于开展营销活动都是非常重要的。

所谓企业文化,是指企业的管理人员与职工共同拥有的一系列思想观念和企业的管理风貌,包括经营哲学、价值标准、思想教育、管理制度、行为准则以及企业形象等。企业文化在调动企业员工的积极性、发挥员工的主动创造力、提高企业的凝聚力等方面有重要的作用。例如,国航的企业文化以服务为主线,企业精神强调"爱心服务世界、创新导航未来";企业使命是"满足顾客需求,创造共有价值";企业价值观是"服务至高境界、公众普遍认同";服务理念是"放心、顺心、舒心、动心"。国航的企业文化表达了向世界传播爱心、追求卓越服务品质的理念，突出了以消费者为核心的现代市场营销理念。

企业内部环境的另一个因素是企业的组织结构。主要是指企业营销部门与企业其他部门之间在组织结构上的相互关系。营销部门在整个企业组织中的地位影响到营销活动能否顺利进行。

二、供应商

供应商是影响企业营销的微观环境的重要因素之一。供应商是整个生产链条的开端，供应商提供生产资料的及时性和稳定性关系到企业生产的稳定性。试想如果航空公司得不到稳定及时的原油供应，就无法按计划执行航班任务了。另外供应商的价格变动及质量水平也直接影响到企业向市场提供的产品的价格和质量。我国民航燃油附加税的变动主要是根据原油价格的变动而变动的。

三、中间商

在整个的生产销售链条中，中间商起着十分重要的作用。所谓中间商，是指产品从企业流向消费者的过程中，介于两者之间、协助企业促销、销售和配销其产品的企业或个人。在大部分企业的生产和销售链条中，中间商能协助企业寻找顾客并直接与顾客进行交易。民航业中的机票代理就属于航空公司的中间商，这些机票代理能扩大航空公司的销售范围，代替航空公司市场营销的一些功能。中间商对企业产品从生产领域流向消费领域具有极其重要的影响。但这些中间商的服务质量也影响了航空公司的声誉，曾有航空公司的机票代理销售假保险，导致航空公司被投诉的案例。

四、顾客

现代营销学是以满足顾客的需要为中心的。因此，顾客是企业最应该关注的也是最重要的环境因素。民航客运市场中的消费者可以大致划分为两类：生产性消费者和生活性消费者。生产性消费者进行航空旅行是生产工作的必要组成部分，也是我们俗称的公务旅客。而生活性消费者进行航空旅行则是为了满足个人生活消费的需要，比如探亲、访友、旅游等。这两类顾客的需求是不同的，要求企业以不同的产品满足两类顾客不同的需求。顾客需求直接影响企业产品、价格等策略的制定。

五、竞争者

在现代经济社会中，企业都面临不同程度的竞争。企业的营销活动势必会受到竞争对手的干扰和影响。一般来说，企业面临着四个层次的竞争者。

1. 愿望竞争者

愿望竞争者是指提供不同产品以满足同一顾客不同需求，争夺同一顾客有限购买

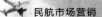

力的竞争者。例如，有些消费者在长假期间不出门旅游而是选择在家看电视。这使得旅游企业同电视行业形成了愿望竞争的关系。

2. 一般竞争者

一般竞争者是指提供不同种类的产品和服务以满足消费者同一种需求的竞争者。如飞机、火车、汽车都是交通工具，消费者都可以选择作为出行工具，那么这三种交通工具的经营者就成了竞争对手。

3. 形式竞争者

形式竞争者是指以不同的形式提供同类产品和服务满足消费者同一需要的各种形式间的竞争。如消费者选择飞机出行，同样是北京飞香港的航线，有直飞航班也有中间在某一城市经停的航班，这两个航班是形式竞争者。

4. 品牌竞争者

品牌竞争者是指以不同的品牌提供相似的产品和服务满足消费者同一需要的竞争者。例如，被国航视为主要竞争者的是实力相当的东航和南航。

上述不同的竞争者，与航空企业形成了不同层面的竞争。这些不同而且不断变化着的竞争关系，是企业开展市场营销活动必须考虑的因素。

六、公众

公众是指对企业实现其目标的能力感兴趣或发生影响的任何团体或个人。航空企业的生存和发展需要一个良好的公众环境。公众主要包括以下几种。

1. 金融公众

金融公众是指那些关心和影响企业取得资金能力的集团，包括银行、投资公司、证券公司、保险公司等。

2. 媒体公众

媒体公众是指那些联系企业和外界的大众媒介，包括报纸、杂志、电视台、电台等。媒体公众是航空企业与其他公众沟通的桥梁。媒体公众爆出的一些负面新闻会给企业造成很恶劣的影响。因此企业应当重视同媒体公众的关系。

3. 政府公众

政府公众是指负责航空企业的业务、经营活动的政府机构和航空企业的主管部门，如主管有关经济立法及经济政策、产品设计、定价、广告及销售方法的机构；国家经委及各级经委、工商行政管理局、税务局、各级物价局等，还有行业主管中国民用航空局。

4. 社团公众

社团公众是指有权监督企业，并对企业经营活动进行评论、指证的相关团体和组织。包括消费者协会、保护环境团体等。

5. 社区公众

社区公众是指航空公司所在地的居民和团体组织，社区关系就是邻里关系。只有搞好邻里关系，航空公司才能立足扎根。

6. 一般公众

一般公众是指并不购买企业产品，但深刻地影响着消费者对企业及其产品的看法的个人。

7. 内部公众

内部公众是指航空公司内部所有成员，航空公司内部的职工和股东等内部公众对于企业来说是一种特别重要的公众。内部团结是对外开展公共关系的前提和基础。

内部公众具有双重功能，既可能帮助企业实现营销目标，也有可能成为一种不可忽视的阻力。因此也是企业需要重视的环境因素之一。

特别提示 3-1

随着移动互联网的应用和推广，互联网社交网络将成为航空公司与公众和旅客交流的主要途径，也将成为航空公司旅客服务和关系维护的重要平台。

达美航空能够深刻理解并利用互联网社交网络来提高旅客忠诚度，拓宽产品销售渠道，从而在同行中处于领先地位。该公司在互联网上提供了不同的内置应用程序来提高旅客忠诚度，并在网络平台上为旅客提供良好的体验。在这些内置应用程序中，就包括了由达美航空提供的旅行规划方案。用户不仅能够在脸书上将旅行规划方案分享给好友，还能邀请他们一起来商量和规划自己的旅程，并决定在什么时间和怎样来实现自己的规划。更难能可贵的是，达美航空还允许用户提出一些改善公司服务的商务建议和想法。

（改编自《网络营销：引领航企营销新潮流》，作者：王双武）

第三节 航空公司市场营销宏观环境分析

一、人口环境

市场是由具有购买欲望和支付能力的消费者所构成的，换言之，营销学中的市场是由人构成的。所以人口环境是影响企业市场营销活动的重要的环境因素之一。对航空公司而言，人口数量、人口地理分布、人口流动性等方面的现状和发展趋势是非常值得关注的。

1. 人口数量

人口数量首先决定着市场的规模。哪里有人哪里就有出行的需求。按人口数量可以大致推算出市场规模。

现在，我国人口出生率和自然增长率逐年下降，但由于我国人口基数过大，每年净增人口仍在 1 200 万人左右。这种低出生率、高出生量的特点表明我国人口在较长时期内仍将持续增长，相对市场规模也会持续增长。

2. 人口地理分布

地理分布也指人口密度。世界各国，人口密度悬殊。我国地域辽阔，自然地理条件和经济发展程度非常复杂，所以我国人口主要集中在东南沿海一带，人口密度逐渐由东南向西北递减。另外，城乡人口密度也有明显差别，城市的人口比较集中，特别是大城市人口密度很大，而农村人口则相对分散。人口密度不同则市场规模不同，航空公司在航线航班的安排上当然要考虑人口密度这一因素，既满足消费者需求又不能浪费运力。

3. 人口的流动性

人口的流动对航空公司意味着需求。在我国，人口的流动方向主要表现在农村人口向城市或工矿地区流动；内地人口向沿海经济开放地区流动。另外，观光旅游、探亲、经商、学习等使人口流动加速。而且人口流动有很明显的季节性，在节假日、寒暑假人口流动明显增强，需求旺盛。航空公司掌握这些信息对于开辟航线和价格的有效调整有极大的帮助。

二、经济环境

经济状况直接关乎消费者的选择和支付能力，相应地影响到市场的需求。而航空运输是跨地区、跨国界的活动。因而对经济因素的考量范围不能只局限于一个地区或一个国家。航空公司对经济因素的考量可以从经济总水平和经济结构变化两个方面来分析。

特别提示 3-2

根据国际航协（IATA）预测的数据，2015 年全球航空公司净利润达 330 亿美元，2016 年预计将达到创纪录的 363 亿美元。由于油价利好和主要经济体表现强劲，尤其是航空公司运营效率提高，全球航空市场再次显现出了活力，航空业的财务业绩和运营收入均稳步增长。

1. 经济发展总水平

经济发展总水平可以通过国民生产总值来表示。指标的上升表明经济的增长，航空运输量也随之增长。经济发达的国家或地区航空业也相对发达。我国经济多年来呈现东强西弱的格局，相应的我国东南部地区机场数量、机场年吞吐量远远大于西北部。但是，航空公司在不同地区的盈利水平不一定和经济水平成正比。

2. 经济结构变动

经济结构决定经济交往的频率，封闭的自给自足的农业型经济结构不利于推动经济交往，而开放的商品交流性的工业型经济结构经济交往就多。地区间的经济交往越多，空运需求就越大。

三、自然环境

自然环境是宏观环境的基本因素之一，其中，自然环境的气候因素对航空企业有着最直接的影响。由于飞机飞行受到天气状况的限制，一个地区低冰冻时间长、雾霾发生概率高是不利于航空业发展的。另外，现在全球面临着自然资源日趋短缺、环境污染日益加剧的现状，各国加强了对资源和环境的管理。这些都对航空企业的市场营销活动产生了极大的影响。

四、政治法律环境

政治法律是宏观环境中的具有强制力的因素，且法律是刚性的，没有任何回旋的余地。对于航空企业，各国的航空法律法规是必须要遵守的，而政治形势对航空企业也有着巨大的影响。

1. 政治环境分析

政治形势稳定、社会安定，航空运输就发展，反之，市场就衰退。例如，在政治动荡的时期航班会受影响甚至停飞。2001年的"9·11"事件使美国航空业陷入了困境，紧接着2002年就有航空公司宣告破产。

2. 法律环境分析

国家为了保护其政治、经济利益和安全，要对企业和市场的活动给予必要的限制或保障。国家的限制或保障的意志，是通过立法的形式来体现的。国家的法律、法令，包括方针、政策就构成了法律环境。我国改革开放政策促进经济发展的同时也推动了航空业的发展。长久以来国家提供诸如资金和航空运输政策方面的支持和保护，大大方便了航空业的发展，但长此以往，形成一定惯性，并不利于行业自主发展。现在国家正逐步减少财政补贴和保护政策，使得航空公司面临严峻的挑战。

五、科学技术环境

航空业本身就是科学技术进步的产物。每一种技术革新都会或多或少给某个行业的企业造成环境威胁，使之受到冲击甚至被淘汰，同时也会给另一些企业带来新的市场机会，从而产生出新的行业。如高铁的发展影响了航空公司的运营。因此，企业营销人员要密切关注技术环境的发展变化并确定其可能对企业市场营销活动产生的影响，以便及时采取相应的对策，才能使企业求得生存和发展。

六、社会文化环境

社会文化环境是一个较为复杂的因素，这一因素时刻影响着企业市场营销活动。社会文化环境包含语言、教育、宗教、价值观念、美学观念和风俗习惯等众多内容。

航空公司是跨地区、跨国界进行经营活动的,在进行营销活动的时候一定要考虑到不同国家、地区的语言、文化、价值观和风俗习惯上的差异,提供不同的服务来满足乘客的需求。例如,我国飞往西北部的航线上大多提供清真食品,这就是考虑到该地区伊斯兰教的饮食习惯。

1. 科学技术的发展是航空生产安全性的保证

航空企业最重要的生产资料是飞机,科学技术的发展使得飞机的安全性、舒适性不断提高,这也增加了整个航空业的竞争力。

2. 科学技术的发展是航空企业营销效率的保证

首先,科学技术的发展为企业提高营销效率提供了物质条件。现代电子商务使得消费者可以足不出户通过网络完成购票、挑选座位甚至是办理值机手续。这极大地方便了消费者,也提高了企业营销效率。

其次,科学技术的发展可使促销渠道更为丰富。例如,除了传统的广播、电视渠道,各种移动媒体的应用、无线端设备的多样化,使航司企业的产品信息及时准确地传送到全国乃至世界各地,起到刺激消费、促进销售的作用。

最后,数据化信息技术可使航司企业及时对消费者的消费需求及动向进行有效的了解,从而使企业营销活动更加切合消费者需求的实际情况。利用现代信息营销系统可以对消费者及其需求的资料进行模拟和计算、分析和预测,就能及时、准确地为企业提供相关资料,以作为企业营销活动的客观依据。

 知识拓展:机上餐食服务产品

微课

第四节 SWOT 分析

市场营销环境分析方法常用的是 SWOT 分析法。SWOT 分析法又称为态势分析法,最早由旧金山大学的管理学教授在 20 世纪 80 年代初提出来。SWOT 四个英文字母分别代表:企业自身优势(Strength)、企业自身劣势(Weakness)、来自企业外部的机会(Opportunity)、来自企业外部的威胁(Threat)。通过对企业内部环境的分析以确定企业所具备的优势和劣势,通过对企业外部环境进行分析来确定企业所面临的机会与威胁。企业在制订营销规划时,重要任务就是要找出对本企业造成最大威胁和能产生最大机会的环境因素，以制定相应的战略和策略，如表 3-1 所示。

表 3-1　SWOT 分析法中的四种战略

外部因素	内部因素	
	内部优势(S)	内部劣势(W)
外部机会(O)	SO 战略 依靠内部优势 利用外部机会	WO 战略 利用外部机会 克服内部劣势
外部威胁(T)	ST 战略 依靠内部优势 回避外部威胁	WT 战略 减少内部劣势 回避外部威胁

一、内部环境分析

所谓"知己知彼，百战不殆"，每个航空企业都要对自身的实力进行审视，定期检查自己的优势与劣势，改善劣势，利用优势。这样在面临环境变化的时候才能扬长避短，选择合适的战略与策略适应环境变化。

二、外部环境分析

环境因素不断发生着变化，这些变化有可能带来机会也可能带来威胁，环境分析的目的就是抓住机会，避免威胁。企业还可以采用"矩阵图"来分析、评价营销环境。

1. 威胁分析

对环境威胁的分析，一般着眼于两个方面：一是分析威胁的潜在严重性，即影响程度；二是分析威胁出现的可能性，即出现概率。

从图 3-2 可见，企业要特别重视第Ⅰ种情况，第Ⅳ种情况则可以不考虑，密切监控第Ⅱ、第Ⅲ种情况。

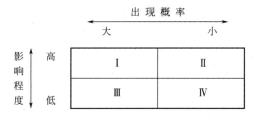

图 3-2　威胁分析矩阵图

2. 机会分析

机会分析主要考虑其潜在的吸引力（盈利性）和成功的可能性（企业优势）大

小。其分析矩阵如图3-3所示。

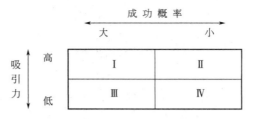

图 3-3 机会分析矩阵图

从图3-4可见，企业最佳的机会出现在第Ⅰ种情况下，第Ⅳ种情况机会最小，第Ⅱ、第Ⅲ种情况介于二者之间。

图 3-4 机会与威胁的综合分析

智慧服务　便捷出行

为提高旅客乘机效率、创造出行时间价值，2018年以来，厦门航空有限公司（以下简称"厦航"）全力推动"无纸化"便捷出行项目，已完成国内43个航点电子登机牌通关业务测试和推进工作，被民航局评为"无纸化"便捷出行示范航空公司。

2019年春运，民航运输量预计较2018年会有较高增长。厦航按照民航局"服务质量重点攻坚"专项行动要求部署，在民航厦门监管局的指导下，正式启用国际（地区）航班CUSS自助值机服务，成为中国大陆地区第一家开通此服务的航空公司。

此项便民服务解决了广大旅客值机排队时间长、手续烦琐等难题。出境旅客在自助值机设备成功办理登机牌后，如需托运可在柜台办理托运手续，如不需要托运可直接前往边检。

在活动现场，现场使用国际CUSS自助值机设备的旅客钟女士激动地说："现在通过这个方式完成值机，全程不到一分钟，大大缩短了以前在柜台前排队等待的时间。如果有疑问，旁边还有厦航地服的工作人员协助指导，节省了我不少时间，太棒了！"

除此之外，厦航将升级"逾重行李支付、航延证明、电子行程单"等多功能小程序服务，上线"国际航线手机值机、行李自助托运"等指尖上的自助服务，迭代"爱你一鹭"等心尖上的定制服务。

厦门机场海关、高崎边检站等运用新科技，提高通关效率，其中厦门机场海关将推出"无感"通关"星"服务，可实现"托运行李"的前置检查，通关时间预计可压缩近90%；高崎边检站特别针对台湾同胞对口岸边检通关的新期待与新要求，推出多项便利通关措施。

科技在改变生活，以国际（地区）航班CUSS自助值机服务启用为契机，厦航将全面实施"便捷工程"，推进设施自助化、乘机便利化、登机智慧化和行李全程跟踪，提升旅客智能化、无纸化、数字化的出行体验。

（改编自《厦航开启"智慧春运"让出行路途更便捷》，作者：张博男）

 知识拓展：飞机上的服务设施

 分析思考

1. 以厦门航空公司为例，试用SWOT分析法分析智能时代给该航空公司带来的新商机。

2. 根据你的了解，举例说明在电子商务时代下，民航企业有哪些营销活动？

 实训任务

分析航空公司的SWOT

【任务目的】

通过对目前市场上某些航空公司的市场调查，探究其所处的营销环境，在评析的基础上，要求学生理解和掌握航空运输市场营销环境的内涵和特点，培养学生的SWOT分析能力。

【任务内容】

1. 航空公司的调查与研究

选择两个航空公司作为研究对象。调查提纲如下。

（1）研究对象的基本信息　品牌优势、劣势、发展的威胁和机遇。

（2）研究对象的具体信息　品牌市场营销的阅历、航空运输产品和服务情况、知名度和顾客的满意度；所处市场的品牌竞争状况、国际市场的发展情况、政策法规的征税情况等。

2. 航空公司营销环境 SWOT 分析的主要方法和特点研讨

研讨提纲如下：

① 所研究的航空公司的优势和劣势在哪里？
② 所研究的航空公司的威胁和机会在哪里？
③ 所研究航空公司的现状与前景是怎样的？
④ 将所研究航空公司与竞争对手进行比较。
⑤ 从全面的角度，评析所研究航空公司营销策略的成功之处和不足之处。

研讨活动先由个人提出初步意见，然后小组讨论，并推举代表全班交流。

3. 撰写所研究航空公司 SWOT 分析研究报告

根据上述评析交流的结果，要求每个小组撰写分析研究报告。应包括以下主要内容：

① 航空公司的现状和前景；
② 航空公司的优势和劣势；
③ 航空公司受到的威胁和机遇；
④ 航空公司 SWOT 环境分析总结。

【任务组织】

本项实训活动组织以线上为例，也可以调整为线下调查。分如下两个阶段进行：

1. 市场调查阶段

① 由教师担任项目总指导。
② 由学生分成 3 个组开展市场调查和资料搜集，分别按照调查提纲的 1~3 项展开分工。每个组派驻 1 名督导，巡视调查现场，监控访问质量。每个访问员访问 5 个样本；实际有效问卷应保证 100 个以上。资料搜集可通过网络或者直接联系航空公司。
③ 调查结果按照规范的要求组织计算，信息处理人员进行统计，并将结果作为研究、评析使用。

2. 研讨阶段

① 由教师担任研讨活动总指导；
② 全班分为 2 大组，确定组长 1 人；
③ 每一组某一航空公司的市场环境展开讨论；
④ 每组推举 3~4 人进行全班交流发言。

【任务报告】

学生完成实训后应填写实训报告，实训报告主要内容如下：实训目的、实训内容、本人承担的实训任务及完成情况、实训小结。

【任务评估】

姓名学号				班级		任务得分	
一级指标	二级指标	评价内容	考核占比	评价主体		增值评价	增值赋分
职业素养	市场竞争意识 风险防控意识 当代民航精神 职业习惯养成	小组协作完成情况 是否具备市场竞争 意识、风险防控意识来 分析认识民航环境 是否养成职业习惯、 传承当代民航精神	20%	校内教师10%		上一任务分值/本次任务分值	下降5分以下-2/ 下降3分以下-1
				企业教师5%			不变+0
				组内、组间学生5%			上浮3分以上+1/ 上浮5分以上+2
	职业素养分值						
任务知识点	学习方法 语言表达 书面表达	民航市场宏观、微观 营销环境的认知情况 SWOT分析法的认 知情况	35%	校内教师15%		上一任务分值/本次任务分值	下降5分以下-2/ 下降3分以下-1
				企业教师10%			不变+0
				组内、组间学生10%			上浮3分以上+1/ 上浮5分以上+2
	任务知识点分值						
任务技能点	实践操作能力 创新能力 自我调控能力	SWOT分析法的分 析航司环境的能力 可用数据的判断分 析能力 根据问题提出解决 思路的能力	45%	校内教师20%		上一任务分值/本次任务分值	下降5分以下-2/ 下降3分以下-1
				企业教师15%			不变+0
				组内、组间学生10%			上浮3分以上+1/ 上浮5分以上+2
	任务技能点分值						

项目四

航空公司市场定位战略

营销心法的第一条,就是通读《定位》这类书。
它的核心看似简单,实则充满了力量,
并且已经在各个领域得到广泛运用。

——唐·瓦伦丁(美国西南航空公司副总裁)

[教学目的和要求]

知识目标:了解目标市场营销战略的重要意义;
　　　　　熟悉目标市场营销战略的步骤;
　　　　　熟悉STP营销的概念。
技能目标:能够按步骤进行市场细分操作;
　　　　　能够运用相关策略确定目标市场定位。
素质目标:树立市场竞争意识、风险防控意识;
　　　　　具备传承民航精神的职业素养;
　　　　　养成关注业态发展的职业习惯。

[教学重点和难点]

重点:掌握市场细分的概念及操作,掌握确定目标市场的方法和策略;
难点:掌握市场定位的步骤和方法。

[关键词]

市场细分(Market Segment);
目标市场(Target Market);
市场定位(Market Positioning)。

青岛航空——精品航空公司

青岛航空定位为"精品航空公司",这是国内航空公司中首次提出精品概念。青岛航空定位于"精品航空公司",主打服务高端商务人士,并计划建设覆盖全国的航线网络,有步骤地进入国际市场。青岛航空将借鉴国内外最先进航空公司的发展模式,在发展规划、品牌建设、人才培养、管理标准、产品设计和服务理念等方面按照"精品"的定位进行长远规划。

因定位为"精品航空公司",青岛航空在客舱设计、布局、内饰等方面达到国内一流,重点选聘了综合素质高的飞行、乘务、机务、签派、规划、财务和策划等专业人员。据悉,首架飞机在机内设施配置上,青岛航空不惜重金,花费几十万元进行了升级。

"精品并不意味着只针对高端旅客提供服务,"时任青岛航空董事长宋作文是这样理解的,"它更多地意味着追求一种高品质,在大众化基础上的精雕细刻、精益求精。"此外,随着未来旅游市场的大发展,青岛航空将实现个性化行程定制,开启民航服务新模式。

(改编自青岛财经网)

> 企业通过市场调研进行营销环境分析后,接着就是目标市场的选择。任何航空企业都不可能满足所有消费者的需求,而只能选择其中一部分消费者作为自己的目标市场。企业把"这一部分顾客"选出来的过程,就是目标市场营销战略的制定过程。

第一节 民航市场细分

目标市场营销(STP)战略(图4-1)是现代营销学的核心,是制定后续营销组合策略的基础。目标市场营销战略的制定过程包括市场细分(Segmentation)、目标市场选择(Targeting)和定位(Positioning)三个环节,缩写为STP战略。

图 4-1　目标市场营销（STP）战略

一、市场细分概述

1. 细分的概念

市场细分的概念首先是由美国市场学家温德尔于20世纪50年代提出来的，所谓市场细分是指营销者利用一定的需求差别因素（细分因素），把某一产品整体市场消费者划分为若干具有不同需求的群体的过程或行为。

市场细分体现的是现代营销学以消费者需求为核心的理念，细分的出发点是消费者需求的差异性，而不是从产品出发，不是企业对自己的产品进行分类。企业是将有着相同需求的消费者归成一类，每个消费群体就是一个细分市场。不同的细分市场消费者需求有着明显的区别。在每一个细分市场内，消费者需求差别比较细微。

2. 市场细分的依据

细分市场是具有一个或多个相同特征并由此产生类似产品需求的人或组织组成的亚群体。大部分企业面临的市场状况是不同偏好的消费者形成一些集群，在集群内消费者需求的差异很细微。所以企业可以根据需求的偏好对整个市场进行细分，细分后每个市场中的需求具有共性。这样企业就可以制定有针对性的营销组合来满足消费的需求。

对于航空公司而言，消费者对航空产品的要求和对销售策略的反应完全一致这种情况是不存在的。如旅客在甲、乙两地之间的旅行，对速度、价格、舒适等要求各不相同，也就是消费需求存在差异。进一步以某两地之间的旅行为例，就每个消费者对旅行的价格和舒适度的偏好程度，可以分为以下三种类型。

（1）同质型偏好

市场上所有的消费者对价格和舒适度两种特征都有同样的需求，偏好相近，不存在明显的差异。可以用一种产品满足市场需求。

（2）群组型偏好

市场上不同偏好的消费者形成了一些集群。有的偏重于低价格，有的偏重于舒适度高，各自形成了几个聚集点。这样，就自然地形成若干细分市场。

（3）分散型偏好

市场上消费者的偏好很不集中，不同偏好的消费者分布比较均匀，呈分散型。

民航公司可以以其中的某一个消费者集群为自己的目标市场。企业可以根据消费者对商品特性的不同偏好，向市场提供不同的产品。例如，A集群对舒适度要求比较高，而对价格并不敏感，头等舱可能比较适合；B集群要求价格低，对于舒适度并不太讲究，那空间位置狭窄的经济舱可能比较适合。

3. 细分的作用

当前，消费者需求日益多样化、个性化。企业不论规模有多大、实力有多强，相对于整体市场的消费者来说，都绝不可能生产出能够完全满足不同消费者需求的产品。因此，企业只能选择部分市场，有针对性地满足这部分消费者的需求，更好地为目标消费者服务，开展有效的竞争，更有效地实现企业的利润目标。

具体来说，市场细分的作用如下。

（1）细分有利于挖掘新的市场机会

通过把整个市场细分为若干小的市场，企业可以更清晰地掌握每个细分市场的需求特点，发现各个细分市场需求满足的状态，哪些消费需求已经满足，哪些需求满足度不够，哪些需求尚需适销对路的产品去满足。尚未满足的需求便成为企业的市场机会，倘若能够率先向这些细分市场提供满足需求的产品，可得到极大的市场优势，对于企业发展是极为有利的。美国知名的联邦捷运公司的诞生发展就是一例证。联邦捷运公司的创始人发现消费者期望有一种比传统航空邮寄更快的、寄达时间有确切保证的航空快递服务，而当时没有航空企业注意到这一需求，所以创办了联邦捷运公司。现在，公司已成为全球知名企业，也开始有了竞争对手，但由于公司创办时间早，抢占了新的市场机会，品牌形象较好，在竞争中占据了有利地位。

（2）市场细分有利于企业制定明确的营销组合策略

通过市场细分，每个细分市场中的消费需求具有共性，企业可以制订有针对性的营销策略。例如，美国密歇根州的一位先生投资3万元租了一架飞机开办了一家空运公司。这家空运公司专门运送囚犯，并为此制定了专门的有针对性的营销组合策略。生意虽小但源源不绝。到1998年时，公司已经自己拥有11架客机了。

（3）市场细分有利于提高企业的竞争力

通过市场细分，有利于企业根据细分市场的特点，集中使用企业资源，扬长避短，取得优势，更好的应对竞争。春秋航空公司就是最好的例证，春秋航空公司在细分市场后，只选择了一个细分市场作为自己的目标市场。企业将自己的全部资源都用于满足目标消费者的需求。这种有针对性的营销使得西南航空公司不仅在竞争激烈的美国航空市场上站稳脚跟，而且发展迅速。

二、市场细分的标准

市场细分并没有统一的标准，也没有一成不变的标准。细分标准可以因人、因地、因时而变。企业只要在不断的变化中发掘出相对稳定的因素，作为标准来细分市场就可以了。消费者市场细分可以按照地理环境因素、人口因素、心理因素、行为因素等进行细分。

1. 地理环境细分

按照消费者所处的地理环境与位置,也就是根据不同地域的消费者行为特征来细分市场叫作地理环境细分。地理细分之所以可行,是由于不同地理环境下的顾客,由于气候、生活习惯、经济水平等不同,对同一类产品往往会有不同的需求和偏好,以至于对企业的产品、价格、销售渠道及广告等营销措施的反应也常常存在差别。比如我国四川地区的消费者嗜辣,四川航空公司机上餐食也多提供辣味食品来满足消费者的需求;而飞往山西地区的航线上也多有食醋供应,这都是考虑到当地消费者的饮食需求特点。

2. 人口细分

按照人口统计因素来细分市场叫作人口细分。消费者由于个人特性,比如年龄、收入、职业、性别、教育、宗教、种族等的不同,会产生不同的价值观和消费方式,因而对同一类产品必定会产生不同的消费需求。不同收入的消费者对于机票价格的敏感度不同,不同性别年龄的消费者对于飞行的舒适性要求也不同。不同目的的消费者,比如商务旅行者较之休闲旅游者更看重的是飞机的快捷性。这就产生了需求的差异性,为细分提供了依据。

3. 心理细分

根据消费者的心理特征,比如生活方式、社会阶层、个性等来细分市场叫作心理细分。即便是地理因素、人口因素相同或相近的顾客,对同一产品的爱好和态度也会截然不同,这主要是心理因素的影响。生活方式是人们生活的格局和格调,表现在人们对活动、兴趣和思想的见解上,人们形成的生活方式不同,消费倾向也不一样,不同性格的顾客对产品的要求也不同。

4. 行为细分

根据消费者不同的消费行为来细分市场称为行为细分。行为因素是按照顾客购买过程对产品的认知、态度、使用来进行细分。

① 追求利益　顾客购买产品所追求的不同利益是市场细分的一种有效的依据。如有的乘客追求票价低廉,有的乘客追求舒适,还有的乘客追求快捷。

② 购买时机　以顾客对产品的需要、购买、使用的时机作为市场细分的标准。如航空公司可为每年的几个公众长假提供专门的航线或者增加航班,为中小学生每年的寒暑假提供专门的航空服务。

③ 购买频率　很多航空公司都有常旅客计划,主要是针对老顾客提供多种优惠。吸引顾客不断进行购买。

三、民航市场细分的方法

按照选择市场细分标准的多少,市场细分可以有以下三种方法。

1. 单一变数法

单一变数法是指只选择一个细分标准进行市场细分的方法。例如，航空公司根据出行目的这一单一标准将航空市场划分为商务市场和旅游市场。针对出行是进行商务活动的乘客，航空公司一定要尽可能保证航班的准点性。针对出行是为了休闲旅游的乘客，航班的价格策略要灵活。

2. 主导因素排列法

主导因素排列法是指首先用主导因素对市场进行细分，例如按性别细分化妆品市场、按年龄细分服装市场。航空运输市场按照旅客对票价的敏感度分为商务舱、经济舱等。这种方法简便易行，但难以反映复杂多变的顾客需求。

3. 综合变数法

综合变数法是指只选择两个以上（少数几个）的细分标准进行市场细分的方法。例如，某国际航空公司根据旅行目的先将市场分为商务旅行市场和休闲旅行市场，再根据航线所在地区分为欧美商务旅行市场、欧美休闲旅行市场、亚太商务旅行市场和亚太休闲旅行市场（见表 4-1）。

表 4-1　某国际航空公司市场细分

航线所在地区	旅行目的	
	商务旅行	休闲旅行
欧美地区	欧美商务旅行市场	欧美休闲旅行市场
亚太地区	亚太商务旅行市场	亚太休闲旅行市场

需要说明的是市场细分的标准不是固定不变的，细分市场的标准根据市场的情势变化。不同的航空企业在进行市场细分时，应根据自身的实际情况选择不同的细分标准。

第二节　民航目标市场选择

一、目标市场的含义

1. 目标市场的概念

在对市场进行有效细分后，企业便要在若干细分市场中选择适合自己的市场作为自己的目标市场。所谓目标市场是指企业准备用产品或服务以及相应的一套营销组合为之服务或从事经营活动的特定市场。目标市场是在细分市场的基础上所选择的最佳细分市场，因而最能发挥企业优势、满足市场中消费者的需求。

2. 选择目标市场的步骤

在细分的基础上,企业应当对各个细分市场进行认真评估,并决定目标市场策略,从而实现目标市场营销战略的意义。

确定目标市场的步骤见图 4-2。

图 4-2　确定目标市场的步骤

二、目标市场的评估

评价细分市场,必须确定一套具体的评价标准,评价标准主要可从细分市场本身的特性、各细分市场的吸引力、企业的目标及资源优势这些方面来考虑。

1. 细分市场本身的特性

(1) 市场的规模

细分市场首先一定要有"适当"的规模。"适当"的规模是个相对的概念,大企业一般重视需求量大的细分市场,小企业却经常会选择规模小的细分市场,总体来说,应该根据企业自身的条件,衡量细分市场的规模是否值得去开发,即开发这样的市场是否会由于规模过于小而不能给企业带来所期望的销售额和利润。

(2) 市场的增长潜力

一个细分市场是否值得开发,除了应具备适当的规模这个因素外,我们还要考察市场有没有相应的发展前景。发展前景通常是一种期望值,因为企业总是希望销售额和利润能不断上升。需要注意:竞争对手会迅速地抢占正在发展的细分市场,从而抑制本企业的盈利水平。

2. 细分市场的吸引力

有些细分市场虽然具备了企业所期望的规模和发展前景,但如果缺乏盈利能力,企业也要谨慎选择。竞争战略之父迈克尔·波特提出了决定某一细分市场长期利润吸引力的五种因素。

① 该市场同行竞争者的数量和实力;

② 该市场进入的难易程度及潜在竞争的实力;

③ 该市场有无现实或潜在的替代产品;

④ 该市场购买者的议价能力高低,如购买者有无组织支持;

⑤ 该市场供应商的议价能力的高低,如该市场的产品生产是否要严重依赖某种由供应商提供的零配件或原材料。

3. 企业的目标和资源

企业需结合自己的目标和资源选择细分市场,考虑适合企业的规模、有良好的发展前景和盈利能力的市场作为企业的目标市场。

企业有时会放弃一些有吸引力的细分市场，因为它们不符合企业的长远目标。当细分市场符合企业的目标时，企业还必须考虑自己是否拥有足够的资源，能保证在细分市场上取得成功。即使具备了必要的能力，公司还需要发展自己的独特优势。只有当企业能够提供具有高价值的产品和服务时，才可以进入这个目标市场。

三、目标市场选择策略

目标市场的选择是指企业通过对市场进行细分，评估各个细分市场，并结合企业自身的目标和资源，分析竞争的情况，寻找到理想的细分市场的过程。最终企业决定为哪些细分市场提供产品，如图 4-3 所示有三种市场策略可供选择。

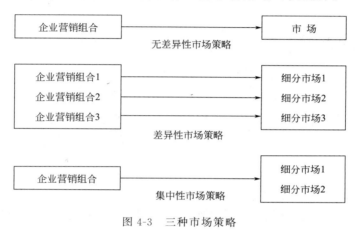

图 4-3 三种市场策略

1. 无差异性市场策略

当所有消费者对其产品有着大体共同的需求时，需求的差异性可以被忽略。企业决定只推出一种产品，或只用一套市场营销组合来满足市场所有顾客的需求，以求在一定程度上适合尽可能多的顾客需求。这就是"无差异性市场策略"。

无差异性市场策略的实质是不进行市场细分，而且只用一套市场营销组合来满足所有顾客的需求。因而这种策略最大的优点在于节约成本，但忽视消费者需求的差异性会导致消费者满意度的下降，所以适用范围非常有限。航空公司如果采用这种策略，表现为以单一的服务品种、等级和价格向整个空运市场的各条航线平均的或随意的投放运力。无论是供方还是需求方，这都是不现实的，因此对于航空企业来说，这种策略是不适用的。

2. 差异性市场策略

企业经过市场细分之后，认识到不同细分市场消费者存在着不同的需求，同时在两个或两个以上的细分市场上分别提供营销组合的策略被称为差异性市场策略。由于构成整体市场的消费者需求的多样性，企业选择多个目标市场并根据每个细分市场消费者的需求特点，用不同的产品、不同的市场营销组合去满足各个目标市场消费者的需求，消费者满意度相对最高。

该策略的优点一是消费者满意度高和销售量大。选择的细分市场越多，消费者的需求就越多，产品的销售量就越大。二是风险小。企业因为有多个市场，可以避免因为一个目标市场出现问题而威胁到整个企业的生存和发展。

该策略最大的不足是成本高。由于企业选择的市场多，生产的产品多，生产成本必然高；且不同产品用不同的促销措施导致销售成本也相当高。

英国航空公司是采用差异性市场策略的航空公司之一，公司将市场划分为四类：点到点的高票价旅客、联程的高票价旅客、点到点的经济型旅客和联程经济型旅客。针对不同市场，英航提供不同舱位，如超级头等舱、超级公务舱、超级经济舱与普通经济舱。针对四种不同类型的旅客，营销组合所采取的策略也有所不同。

航空公司可以和代理服务商联合细分客户群体，实现精准营销：获取更多的客户购买习惯方面的信息（需要做好客户隐私保护），借助代理网站浏览的Cookie记录和移动设备APP的资料记录，发现终端客户需求航线和价格信息，利用客户群体细分，找准高价值旅客和飞行常旅客，开展有针对性的旅客产品服务开发，做到精准的差异化营销。

3. 集中性市场策略

集中性市场策略也称密集性市场策略。指企业在市场细分后，选择一到两个细分市场作为目标市场，实行专业化生产和销售，前面提到的专运囚犯的空运公司采取的正是这一策略。再比如美国中途航空公司只选择了美国国内的商务客人作为自己的目标顾客，并为之服务，使用的都是集中性（密集性）目标市场策略。

该策略的优点在于既节约成本又能兼顾消费需求的差异性，消费者满意度还是比较高的。企业只选择了一两个市场，需要投入的资金较少。又由于企业集中全部资源服务于这一两个市场，消费者满意度比较高。

该策略的缺点也十分明显，那就是风险非常大。有一个比喻很形象："不要把所有鸡蛋放进一个篮子里"，正是说明这种策略的风险相当高。企业选择的细分市场少，一旦市场发生变化，或者出现强有力的竞争者，企业可能会陷入困境。

四、影响目标市场选择的因素

前面所述的三种目标市场策略各有其长处和不足，企业应根据具体的情况加以选择。企业在确定采用何种目标市场策略时应考虑如下因素。

1. 企业资源

航空企业的资源包括企业的人力、财力、物力、地理区域位置、机队状况和科技水平等方面。当企业实力雄厚时，可运用差异性市场策略；当企业力量薄弱、资源不足、无力把较大范围的市场作为自己的经营范围时，最好采用集中性市场策略。

2. 市场需求的特点

如果消费者需求相近，对运输产品及销售方式的改变反应没有太大差异，就说明市场需求同质化较高，在这种情况下，可以采取无差异性市场策略，如果市场中消费者需求差异明显，不具有同质性，可以再结合企业实力选择差异性或集中性市场策略。

3. 竞争状况

对于竞争的考量，首先是竞争对手的数量：如果竞争对手的数量多，应采用差异性市场策略，发挥自己的优势，提高竞争力；如果竞争对手少，则采用无差异性市场策略，节约成本。其次应考虑竞争对手采取的策略：如果竞争对手已积极进行市场细分，并已选用差异性市场策略时，企业应采用更有效的市场细分，可考虑差异性市场策略或密集性市场策略，寻找新的市场机会。如果竞争对手采用无差异性市场策略，企业可用差异性市场策略或密集性市场策略与之抗衡。最后还要考虑竞争对手的实力，如果竞争对手较弱，企业也可以考虑实行无差异性市场策略。

第三节 民航市场定位

企业确定目标市场之后，紧接着应考虑如何使自己的产品与现存的竞争者产品在市场形象上相区别，这就是市场定位的问题。

一、市场定位的实质

1. 市场定位的概念

市场定位是在20世纪70年代由美国营销学家艾·里斯和杰克特劳特提出的，其含义是指企业根据竞争者现有产品在市场上所处的位置，针对顾客对该类产品某些特征或属性的重视程度，为本企业产品塑造与众不同的、给人鲜明印象的形象，并将这种形象生动地传递给顾客，从而使该产品在市场上确定适当的位置。

市场定位不仅仅是企业生产什么，更是要在消费者心中根植一个什么样的产品形象。市场定位的实质是使本企业与其他企业的产品区分开来，使顾客明显感觉和认识到这种差别，从而在顾客心目中占有特殊的位置。有差异的、与众不同的事物才容易吸引人的注意力。企业定位就是要给消费者留下鲜明的与竞争对手不同的有价值的形象。

2. 市场定位的作用

（1）定位创造差异，强化产品形象

市场定位是通过为企业或企业的产品创立鲜明的特色或个性，最终形成独特的市场形象来实现的。市场定位是一个持续性的过程，消费者由产生兴趣与注意到深入认识了解企业的特色与形象这一系列活动，强化巩固了企业及产品在他们心目中的形象。也就是说提起某个航空公司消费者能产生一定的联想。春秋航空股份有限公司（简称春秋航空）已经成功地定位于低成本、低票价的航空公司，当消费者需要买低价机票时就会想到春秋航空。

（2）定位是营销战术，是制定营销组合战略的基础

企业的市场定位决策是制定市场营销组合策略的基础，市场定位在企业的营销工作中有着极为重要的战略意义。例如，企业决定生产质优价高的产品，企业的这种定位就决定了企业所生产的产品质量一定要好，价格则要定得高，相应的广告宣传的侧重点应该是强调产品所具备的高质量，让消费者相信虽然产品价格高，但是物有所值；销售渠道应选择档次较高的。可见，企业的市场定位决定了企业要设计与之相适应的营销组合策略。

（3）定位形成竞争优势

现如今消费者处于信息大爆炸的时代，消费者每天接收到很多产品信息，为了简化购买决策，消费者往往会对产品进行归类，即将某个企业和产品与竞争对手和竞争产品相比较后得出感觉、印象和感想，并使企业和产品在他们心目中"定个位置"。定位一旦得到消费者的认可，能使企业形成巨大的竞争优势，且这一优势往往非产品质量和价格所带来的优势可比。

二、航空公司市场定位的步骤与方法

1. 市场定位的步骤

（1）识别竞争优势

定位是为了形成鲜明的不同于竞争对手的形象，获取竞争优势。定位首先要能识别可以据以定位的竞争优势。例如，航空公司的服务是否与竞争对手不同，是否能提供更为快速、便利的服务，是否能提供更低的价格等。

（2）选择合适的竞争优势

对于企业来说，并非所有的差异都有意义或者有价值。企业的定位是否成功，关键在于企业是否能够抓住消费者最在意的竞争优势并加以传播。菲利普·科特勒指出，有效的竞争优势应满足下列各原则：重要性，即该差异化能向相当数量的买主让渡较高价值的利益；独特性，即该差异化是其他企业所没有的，或者是该企业以一种突出、明晰的方式提供的；优越性，即该差异化明显优于通过其他途径来获得相同的利益；可沟通性，即该差异化是可以沟通的，是买主看得见的；不易模仿性，即该差异化是其他竞争者难以模仿的。例如，新加坡航空公司选择了飞行安全作为自己的竞争优势并加以宣传，取得很好的效果。

（3）强化并凸显竞争优势

企业在选择了合适的竞争优势后，应当着力宣传这些竞争优势，所有市场营销组

合必须支持这一市场定位，以确立企业产品在目标消费者心目中的独特位置。如果航空公司决定的市场定位是更高的服务质量，那么它必须传达这个定位，聘用和培训高素质的员工，设计独一无二的高品质服务，配合传达其优质服务的广告信息等。

2. 市场定位的方法

（1）根据价格和服务质量定位

价格和服务质量是消费者挑选产品最关注的两个指标，即消费者对产品的"性价比"是非常关注的。以产品的的质量和价格定位主要包括两种情况：一是强调质量与价格相符。一般消费者的认知是质量越高的产品相对价格也应当越高。航空公司如果制定的价格高，本身就会对顾客起到一种暗示作用，即乘客可以得到周到的高级服务。二是质高价低，新加坡航空公司就是采用这种定位，着力宣传自己低成本高效益的形象。

（2）根据旅客的类型定位

除了围绕产品的价格和服务质量进行定位，企业还可以针对某些特定顾客群进行定位，以达到在这些顾客心目中建立企业产品"专属性"形象的目的。这种定位方式能在一定程度上满足顾客的心理需求，促进顾客对企业产生信任感。采用这种定位方法时，企业要为目标顾客设计专门产品，并采取有针对性的营销措施。

上海吉祥航空的目标市场战略

上海吉祥航空股份有限公司（简称"吉祥航空"），系上海均瑶（集团）有限公司控股子公司，于2006年9月正式开航运营。截至2021年10月，公司拥有79架空客A320系列客机与6架波音787-9梦想客机，逐步打造双机队运输体系。吉祥航空品牌定位为更具亲和力的航空体验提供者，以上海、南京为航线网络中心，已开通近200条国内、地区及亚欧目的地定期航班；2020年运输旅客超1500万人次。

吉祥航空于2017年5月正式成为星空联盟全球首家"优连伙伴"，迈出了公司国际化道路的重要一步；截至2018年11月，公司已与中国国航、美联航、长荣航空、全日空、新加坡航空、加拿大航空、深圳航空等星空联盟正式成员建立优连合作伙伴关系。同时，吉祥航空也与中国东方航空、芬兰航空等伙伴公司建立了卓有成效的合作。吉祥航空于2019年6月开通上海浦东—赫尔辛基直飞航班，成为中国民航历史上首家使用宽体机执行洲际航线的民营航空企业。

吉祥航空以HVC高价值航空承运人战略定位为指导，致力于成为高价值航空企业的卓越代表，发展为国际化现代服务业百年企业。吉祥航空努力实践"吉祥航空、如意到家"的品牌承诺，以为客户创造价值为导向，向着打造"更具亲和力的百年航空品牌"而不断努力，让旅客的每一程都成为梦的里程。

知识拓展：飞机上的安全设备

分析思考

1. 结合阅读材料进行相关调研，举例说明航空公司进行市场细分的依据是什么？

2. 吉祥航空的品牌定位有什么特点？你了解的市场定位的方法有哪些？

 实训任务

评析航空公司的市场定位

【任务目的】

通过对某一航空公司的市场调查，对其市场定位进行评析。

【任务内容】

1. 选择某航空公司的市场调查

① 该航空公司的品牌定位；

② 该航空公司的产品风格；

③ 该航空公司的形象识别；

④ 该航空公司的营销活动；

⑤ 该航空公司的竞争对手分析。

2. 该航空公司市场定位评析

研讨活动先由个人提出初步意见，然后小组讨论，并推举代表全班交流。研讨提纲如下：

① 所研究的航空公司的目标市场是什么？

② 所研究的航空公司的目标市场细分标准是什么？

③ 所研究航空公司的定位策划有哪些特点？运用了怎样的方法？

④ 将所研究航空公司与竞争对手进行比较。

⑤ 从全面的角度，评析所研究航空公司市场定位的优劣。

【任务组织】

本项实训活动组织分如下两个阶段进行。

1. 市场调查阶段

① 由教师担任项目总指导。

② 由学生采用实地调查和间接收集资料两种方式相结合的形式。分成 4 个组开展市场实地调查和资料搜集，分别按照调查提纲的 1~5 项展开分工。每个组派驻 1 名督导，巡视调查现场，监控访问质量。每个访问员访问 5 个样本；实际有效问卷应保证 100 个以上。资料搜集可通过网络或者直接联系航空公司。

③ 调查结果按照规范的要求组织计算，信息处理人员进行统计，并将结果作为研究、评析使用。

2. 研讨阶段

① 由教师担任研讨活动总指导；

② 全班分为 4 大组，确定组长 1 人；

③ 每一组就某一个航空公司的市场定位展开讨论；

④ 每组推举 3~4 人进行全班交流发言。

【任务报告】

学生完成实训后应填写实训报告，实训报告主要内容如下：实训目的、实训内容、本人承担的实训任务及完成情况、实训小结。

【任务评估】

姓名学号					班级		任务得分	
一级指标	二级指标	评价内容	考核占比	评价主体		增值评价	增值赋分
职业素养	市场竞争意识 风险防控意识 当代民航精神 职业习惯养成	小组协作完成情况 是否具备市场竞争意识、风险防控意识来分析认识民航市场定位 是否养成职业习惯、传承当代民航精神	20%	校内 教师 10%	上一任务分值/本次任务分值	下降 5 分以下－2/ 下降 3 分以下－1
				企业 教师 5%		不变＋0
				组内、组间 学生 5%		上浮 3 分以上＋1/ 上浮 5 分以上＋2
职业素养分值							
任务知识点	学习方法 语言表达 书面表达	民航市场细分、定位的认知情况 STP 营销的认知情况	35%	校内 教师 15%	上一任务分值/本次任务分值	下降 5 分以下－2/ 下降 3 分以下－1
				企业 教师 10%		不变＋0
				组内、组间 学生 10%		上浮 3 分以上＋1/ 上浮 5 分以上＋2

续表

姓名学号			班级		任务得分	
一级指标	二级指标	评价内容	考核占比	评价主体	增值评价	增值赋分
		任务知识点分值				
任务技能点	实践操作能力 创新能力 自我调控能力	STP 营销评析航空公司的市场定位的优劣能力 可用数据的判断分析能力 根据问题提出解决思路的能力	45%	校内教师 20%	上一任务分值/本次任务分值	下降 5 分以下 －2/下降 3 分以下 －1
				企业教师 15%		不变 ＋0
				组内、组间学生 10%		上浮 3 分以上 ＋1/上浮 5 分以上 ＋2
		任务技能点分值				

项目五

民航产品营销策略

伟大的设计在实验室产生,而伟大的产品在营销部门产生。
——威廉·H·达维多(达维多定律的创始人,英特尔公司前副总裁)

［教学目的和要求］

知识目标:掌握产品整体概念及产品组合策略;

　　　　　掌握航空公司品牌策略;

　　　　　熟知航空公司服务策略。

技能目标:能够根据产品生命周期各阶段的特点制定营销对策;

　　　　　能够通过团队合作的形式进行新产品开发。

素质目标:培养优秀的道德素质与团队合作能力;

　　　　　具备服务意识,以消费者为中心进行产品开发;

　　　　　具备成本意识,风险防控意识。

［教学重点和难点］

重点:掌握航空公司新产品开发、产品组合策略以及品牌策略;

难点:生命周期的特殊性及其各个阶段营销策略。

［关键词］

产品整体概念(Total Product);

产品生命周期(Product Life Cycle);

产品组合(Product Mix)。

南航快乐高尔夫

随着高尔夫球运动在中国的发展，这项曾经的贵族运动逐渐成为成功人士的时尚运动、商业活动。

2007年5月，南方航空在全国隆重推出"南航行——快乐高尔夫"产品项目，为热爱高尔夫运动的人士提供机票、酒店和球场等一整套的订购服务，让旅客体验多彩的高尔夫之旅。同时，为了更好地回馈明珠俱乐部广州地区会员，南方航空还推出全新"南航行——快乐高尔夫"套餐，创新性的将头等舱（公务舱）与高尔夫自由行组成产品，特惠推荐，为明珠会员的高尔夫之旅带来更尊贵的体验。

该产品项目集健身、休闲、游览、社交、竞技、娱乐于一体。凡乘坐南航航班的旅客，都可以选择"南航行——快乐高尔夫"产品。该产品项目以中国18个重要旅游城市作为产品目的地，包括广州、深圳、南宁、三亚、海口、丽江、昆明、南昌、黄山、厦门、桂林、大连、杭州、上海、重庆、西安、成都、长沙等地的30个顶级球场。旅客可以自由选择乘坐南航头等舱、公务舱或经济舱出行。除了可享受尊贵优质的空中服务外，旅客携带的高尔夫球球具也将享受到特大行李专柜"先装后卸"的尊贵礼遇。南航工作人员精心呵护球具，并保证在旅客下机后第一时间即能提取行李，享受便捷的行李托运服务。下机后，"快乐高尔夫"产品还为旅客准备好精选的五星级酒店以及配套接送，为旅客的高尔夫之旅提供全程舒适无忧的服务。

"南航行——快乐高尔夫"产品是一系列的产品项目，每月精选顶尖球场和豪华酒店共同推出"每月惊喜套餐"。如6月份"惊喜套餐"包含南方航空公司各地往返海口机票、海口西海岸高尔夫球会18洞果岭费、海口凯莱大酒店（五星级）海景房双人住宿2晚、每日中式早餐、中药泡脚等舒适服务，广州始发套餐价仅为888元，上海出发1488元。7月份的"惊喜套餐"包含了南宁青秀山高尔夫球会18洞果岭费、南方航空公司各地往返南宁机票、南宁最佳西方（精品）红林大酒店高级客房双人住宿2晚，广州始发套餐价也仅为999元。其他各地城市始发的"惊喜套餐"均有超值优惠体验价。

为更好地树立南航在中国民航业内高端品牌和行业领导者的形象，为广大旅客提供更专业、细致的差异化服务，南航在2007年推出的"快乐高尔夫"产品基础上对该产品进行了完善和更新，2008年新年伊始，为乘坐南航航班的旅客提供全国精选的高尔夫球场"挥杆体验"和优惠价格的多种高尔夫套餐产品项目，不断地为广大旅客提供增值服务，使旅客享受乘坐南航航班带来的超值快乐。

不仅如此，凡乘坐南航 F 舱、C 舱的旅客，凭本人身份证及当次航班登机牌于到达之日起一个月内可享受赠送的免费套餐一种（体验 100 粒球的挥杆体验或一个小时的练习场挥杆体验）；凡购买南航航班的旅客（舱位不限），凭当次航班登机牌于到达之日起可自由选购 9 种优惠的高尔夫套餐产品。旅客可凭南航航班机票和登机牌于到达之日起到服务商所提供的球场处购买套餐，享受套餐中的服务。此外，旅客还可事先通过订购、查询、确认电话咨询球场信息。选中产品后，旅客只需拨打服务电话确认产品的领取即可，服务商会详细记录旅客配送信息或累计要求，再将套餐中的卡、球杆、球帽等赠品根据旅客提供的地址于 48 小时内安全送达；旅客可根据自己的喜好和方便的地理位置选择适当的练习场来使用该套餐。

> 产品是市场营销组合中最重要的因素。企业在确定营销组合策略时，首先面临的问题是提供什么样的产品和服务去满足市场的需求。产品策略的研究，将使这一问题得到全面、系统的回答。营销组合中的其他三个因素，也必须以产品为基础进行决策，因此，产品策略是整个营销组合策略的基石。只有当民航企业推出的产品令消费者满意时，企业才可以获得利益。

第一节　民航产品内涵

一、产品整体概念

产品是指提供给市场的能够满足人们需要和欲望的任何有形和无形物品，包括实体商品、服务、信息、人物、事件、经验、思想、创意、场所、组织等。

从现代营销观念来看，企业销售给顾客的不仅仅是产品本身，而是一个产品体系，它是由核心层（核心产品）、形式层（形式产品）和附加层（期望产品、延伸产品、潜在产品）三个层次构成的，如图 5-1 所示。这就是现代市场营销学中的产品整体概念。任何一个层次出现问题，都会直接或间接地影响到企业的产品信誉乃至市场销售。

二、民航产品的含义

民航业提供给顾客的是无形的服务，不具有物质形态。航空业的产品是提供从甲

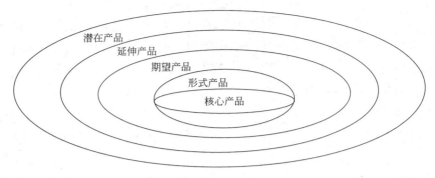

图 5-1　产品体系

地到乙地的位移，这种位置移动是在飞机的作用下完成的。民航产品的三个层次有其独特性。

1. 核心层

指旅客和货物的位移。顾客购买机票和托运货物不是为了一张飞机票，或是飞机上的一个座位或一个吨位，而是为了实现快速从甲地到乙地的空间位移。

民航产品的核心层还有着特殊性，表现为其服务的基本内容包含了安全、准时的将旅客送达目的地。因此，民航局于 2011 年颁布《大型飞机公共航空运输机载应急医疗设备配备和训练》，明确规定了应急医疗箱、机上急救箱、卫生防疫包的配备要求，以及箱（包）内医疗用品的种类、数量。并且要求机组人员至少每 24 个月接受一次紧急医学事件处置训练。另外修订了《民用运输机场应急救护设施配备》，要求 5 级及以上民用运输机场必须设置急救室，承担应急救护以及航空旅客和民用航空工作人员医疗救治服务工作。5 级以下民用运输机场可委托就近主要医疗机构承担相关工作。同时，考虑航空旅客医疗救治服务的实际情况，明确了应急救护机构、人员、仪器、器械（材）、药品等配备标准。

业内人士表示，机组人员对机上旅客突发疾病处理相关培训属于机组资质考核中的一个环节，体现了对紧急突发事件的处理能力，空乘和机长的考核内容都分为理论基础和实际操作，只有达到相应考核合格标准才能上岗。

2. 形式层

对服务这种特殊产品来说，其形体就是具体的服务方式。如机型、公司品牌、机舱与地面服务设计等。

3. 附加层

如售票服务、空地衔接、机场服务、行李托运、机上服务等。

总之，在现代市场营销观念指导下，企业向顾客提供的产品是一个整体概念，不仅是具有物质形态的有形产品，还包括看不见的无形的服务。产品的使用价值是它的核心层，也是顾客真正要购买的内容。

航空运输市场的核心产品是企业提供运力实现旅客和货物的快速空间位移。

但随着经济的发展和消费心理的变化，旅客也越来越重视空运企业的外在形式，包括使用的机型、商标、服务特色等，以及在服务过程中获得的心理满足感，所以从航空业的产品的核心层来看，都是提供从甲地到乙地的位移，企业间产品差异很小，但是在形式层和附加层上却存在很大的差别，因此也成为企业设计产品的重点。

三、产品生命周期阶段特点及对策

1. 产品生命周期阶段

产品生命周期的概念不同于产品的使用寿命周期，它是指产品从进入市场开始到被市场淘汰所经历的时间，可分为四个阶段：导入期（引入期）、成长期、成熟期和衰退期，如图 5-2 所示。

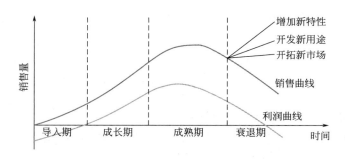

图 5-2 产品生命周期

（1）导入期

特点：产品需求量少，销售额增长缓慢；相竞争的商品少；开发成本促销成本高，收支会出现赤字。对策：检查市场渗透策略是否妥当；增大促销力度，提高品牌知名度。

（2）成长期

特点：市场需求急速增加，利润率上升，出现盈利；竞争品牌开始出现，由于先进入市场一般情况下会获得高于其他企业的利润。对策：进一步提高知名度，进行富有说服力的促销；扩大商品线；实现与后续竞争品牌的差异化。

（3）成熟期

特点：需求量达到饱和，销售额增长缓慢，竞争品牌深入市场，使竞争激烈化。对策：巩固市场，应以提升品牌形象为目标进行促销活动；更新产品；实现产品差异化；防止价格下跌。

（4）衰退期

特点：市场需求减少，供大于求；利润率下降；商品与其他品牌的档次差异消失。对策：决定撤出市场的时间；彻底进行重新包装。

2. 产品生命周期各阶段特点与策略（表5-1）

表5-1 产品生命周期各阶段特点与策略

阶段		导入期	成长期	成熟期	衰退期
特点	销售额	低	快速增长	缓慢增长	衰退
	利润	易变动	顶峰	下降	低或无
	现金流量	负数	适度	高	低
	顾客	创新使用者	大多数人	大多数人	落后者
	竞争者	稀少	渐多	最多	渐少
策略	策略重心	扩张市场	渗透市场	保持市场占有率	提高生产率
	营销支出	高	高（但百分比下降）	下降	低
	营销重点	产品知晓	品牌偏好	品牌忠诚度	选择性
	营销目的	提高产品知名度及产品试用	追求最大市场占有率	追求最大利润及保持市场占有率	减少支出及增加利润回收
	分销方式	选择性分销	密集式	更加密集式	排除不合格、效率差的渠道
	价格	成本定价策略	渗透定价策略	竞争定价策略	削价策略
	产品	基本型为主	改进产品，增加产品种类及服务保证	差异化、多样化的产品及品牌	剔除弱势产品项目
	广告	争取早期使用者，建立产品知名度	大量营销	建立品牌差异及利益	维持品牌知名度
	销售追踪	大量促销及产品试用	利用消费者需求增加	鼓励改变使用公司品牌	将支出降至最低

第二节 产品组合企划

一、产品组合、产品线及产品项目

1. 产品组合

指一个企业提供给市场的全部产品线和产品项目的组合和结构，即企业的业务经营范围。

2. 产品线

指具有同类功能、满足消费者同类需要的关系密切的一组产品。每条产品线又包含很多产品项目。

3. 产品项目

指某个产品系列中的某一规格、档次、款式的产品。例如，民航企业的产品线就是投入运力的航线，一条航线就是一条产品线；航空公司的产品项目就是一条航线所拥有的航班数，或者根据不同的服务对象分为客运、货运产品。

航空公司的产品组合就是航空公司投放市场的航线、航班以及相关服务，满足不同出行需要的旅客和货物运输。

二、产品组合的广度、深度和关联度

产品组合测量尺度如图 5-3 所示。

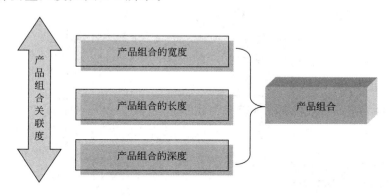

图 5-3　产品组合测量尺度示意图

1. 产品组合的广度

也称宽度，指企业的产品线总数。产品组合的广度说明了企业经营的范围大小，跨行业经营，甚至实行多角化经营的程度。增加产品组合的宽度，可以充分发挥企业的特长，使企业的资源得到充分利用，提高经营效益。此外，多角化经营还可以降低风险。

2. 产品组合的深度

是指产品线中的每一产品项目有多少品种。航空公司企业增加产品深度可以更多地满足消费者的不同需求，吸引更多的消费者，提高竞争力。但同时成本升高，服务量增大。

3. 产品组合的关联度

是指一个企业的各产品线在最终用途、生产条件、分销渠道等方面的相关联程度。较高的产品的关联性能带来企业的规模效益和企业的范围效益，提高企业在某一地区、行业的声誉。

开航航线的数量反映了公司产品组合的广度，产品组合的深度表现为各航线所投入航班的数量。如果一个公司经营的航线很多，但航线上投入的航班很少，即航班密度很低，只有广度而没有深度，这种航线组合是没有竞争力的。根据运输对象的分类，旅客的组成成分越多，所运的货物种类越多，就可以挖掘更大的潜在消费者，从而扩大航线容量、增加航班投入。

航空公司产品组合的关联度表现为各航线所需生产资源的互融性，如飞机的机型、机组工作人员的调配等。机型和航线的匹配是航空公司航班生产的重要原则，如果航空公司只有一种机型，不考虑机型和航线的匹配；如果有两种以上的机型，某种机型适用于哪种航线，则这些航线应有一定的关联度。机型和航线匹配的首要因素是航线距离，一般可以用航线距离表现航线、航班的关联度。另外还有机组人员的调配，这就产生了航空运输的飞机指派问题和机组排班问题。

三、产品组合营销策略

航空企业对产品组合的深度、宽度和关联度的决策，有多种可供选择的方式，每个企业可根据自己的内部条件和外部环境确定产品组合。根据企业产品线的数量（即产品组合的宽度）及其面临的市场大小，有四种可供选择的策略。

1. 专线专业型

指中小航空企业将自己有限的运力集中投放在很少的几条航线上。这种策略的优点在于只需投入较少的资金，但是由于市场范围狭窄，企业的营销风险很大。

春秋航空以商务旅客为主，是国内唯一一家不参加中国民航联网销售系统（CRS）的航空公司。春秋航空以上海虹桥国际机场为主要起降机场，目前承运的航线均为国内航线。经营上海飞广州、珠海、厦门、昆明、海口、三亚、桂林、温州、青岛、福州、长春等为数不多的航线。A320飞机是春秋航空使用的唯一机型。

2. 全线专业型

指投放航线较多，而运输对象集中。这种策略的优点是各航线之间的关联度大，使企业能够集中营销力量。

北京金鸽航空快递以北京为中心，在全国建立了自己的航空货运快递网络。先后设立上海、广州、深圳、成都、沈阳、厦门、西安、哈尔滨、济南、青岛、烟台、郑州、武汉、海口、合肥、南京、银川、三亚、福州、重庆、石家庄、南昌、长沙、大连、珠海、宁波、贵阳、呼和浩特、杭州、拉萨、兰州、长春、香港、乌鲁木齐等分支机构或航空货运快递公司。目前，北京金鸽航空快递网络已基本覆盖国内、国际大中通航城市。

3. 专线全面型

指在不多的航线上进行对象众多的运输服务。该策略的优点是能够集中企业的技术力量，不断地改进、创新产品，充分发挥专业化的优势，同时又能扩大市场营销的范围，提高企业的声誉。

4. 全线全面型

指大型航空公司在众多航线上进行全面的运输服务。该策略的优点是企业能够占领更多的市场，满足旅客更多的需求，也有利于加强企业市场地位的稳定性。

四、航线航班调整策略

1. 巩固策略

对经营状况良好的航线航班，不应求变而应巩固发展再求创新。

2. 收缩策略

当计划预期运力小于维持现有航线航班生产所需运力时，说明公司生产能力不足，只能采取收缩策略。当航空公司面临困境，适当地减少航班和航线是企业的一种自我保护，不是永久性的退出该市场，暂时性的策略可以给企业重整待发的机会。

3. 微调策略

当计划预期运力与维持现有航线航班生产所需运力基本持平时，产品组合则需要在维持现有规模的基础上进行调整。

4. 进展试探策略

当计划预期运力略大于维持现有航线航班生产所需运力时，说明公司在巩固已有阵地以后略有余力做一些试探性的拓展。比如很多航空公司在运营较新需求的航线时，可以一周之内只发1~2班，待试探观察市场反应之后再行增减。

5. 扩展策略

当计划预期运力有较大幅度的增长时，在维持现有航线航班运力后有较多的机动运力可以开拓新的相关产品项目，这需要事前确定扩展投放的方向。

 知识拓展：非正常旅客运输

微课

第三节
新品开发策略

一、新产品的概念与类别

1. 新产品的概念

市场营销中所说的新产品同科学技术发展意义上的新产品的含义也不完全相同。

新产品可以从不同的角度理解，从产品的整体概念理解，新产品不一定是新发明的产品。市场营销理论中强调消费者的观点，认为凡是消费者认为是新的、能从中获得新的满足的、可以接受的产品都在新产品之列。

2. 新产品的类别

新产品是个相对的概念，可用以下标准来界定：本公司的新产品和市场的新产品。根据以上两个标准，可以将新产品分为六种类型。

① 新产品线：是企业首次进入一个新市场的产品。

② 新问世产品：即运用新一代科学技术革命创造的整体更新产品。

③ 现有生产线的补充：一般会针对畅销产品进行有益的补充。

④ 现有产品的改进更新：对现有产品性能进行改进或注入较多的新价值。

⑤ 市场重新定位：进入新的目标市场或改变原有产品市场定位推出新产品。

⑥ 降低成本：以较低成本推出同样性能的新产品。

二、新产品开发的程序

为了提高新产品开发的成功率，必须建立科学的新产品开发管理程序。不同行业的生产条件与产品项目不同，管理程序也有所差异，但一般企业研制新产品的管理程序大致如图 5-4 所示。

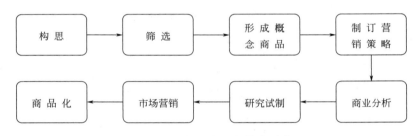

图 5-4　研制新产品的管理程序

特别提示 5-3

对于航空公司来说，在什么样的情况下需要对新品进行试销？如果试销可能会出现什么样的结果？企业该如何应对？

三、民航新产品开发策略

民航新产品的开发应结合公司的资源配置，在综合考虑成本与效益的基础上开发出具有显著特点的民航产品。

1. 产品的持续性发展

民航新产品尤其是服务产品的开发应在标准化基础上进行有效的规范，这在地面服务和客舱服务中尤其重要。产品的持续性发展强调产品不按个人的意愿随心调整，不受个人主观影响，针对某个特定岗位的操作应严格按照规定进行，不能因人而异，否则将造成产品的不连续。

在产品的持续性发展方面还应强调产品的开发和设计应结合公司中远期战略规划发展的目标，尤其是随着国际化竞争和国际联盟准入，只有持续性发展的产品才能在世界范围内得到推广和应用，并且能够给公司的社会声誉带来长远的影响。

2. 差异化产品的开发

虽然民航新产品具有很强的同质化特征，但是，随着客户需求的细化和提高，随着行业经济的发展，差异化服务产品已经成为竞争优势之一。只有建立了差异化的民航产品，才可能建立起有别于其他公司的领先优势，在行业竞争中也才能树立起具有特色的服务特征。在差异化产品的开发过程中应注意以下几点：差异化可以在现有产品基础上开发出新的应用功能；差异化应具有显著的客户认知感；差异化应以实际应用为主，不能华而不实；差异化产品能够为公司带来效益或者是社会声誉。比如：法航上海至巴黎的空中客车是直航，中途不停站，可是在飞机上坐15个小时并不觉烦闷，因为座位上配有耳机并可选择七八个频道的音乐节目，座椅旁拉出超薄型电视，可选择15个频道的节目（中文字幕），这一注重旅客感受差异化的服务设施赢得了顾客的交口称赞。

3. 产品的一致性开发

产品的一致性不仅表现为产品的开发和设计与市场需求一致，更重要的是在应用和服务保障方面的一致。产品一致性是航空公司对内部体系保障要求的完整性体现，是航空公司对社会公众服务承诺的体现。在实际应用中，一些航空公司在产品设计，尤其是运价产品的设计、服务保障体系上忽略了其产品应用过程中存在的一些特殊情况，最终导致客户的投诉。

由于市场的发展和网络的延伸，对于一些大型航空公司来说，地域文化差异和领导风格差异导致其服务产品在不同的地域有不同的表现方式，但是从服务产品的一致性来说不能将此视为特色，应该从公司整体利益考虑，严格遵照服务产品的一致性表现，才能给客户带来对公司服务体系一体化运作的认可和接受，更有利于品牌的扩展和延伸。

4. 预测产品生命周期，注重产品的质量改进

产品的生命周期随着市场的淡旺季、竞争状况、社会经济发展周期等因素的变化而变化。民航新产品在通过设计、应用和评估之后，还需根据影响产品生命周期变量的变化来及时调整应对变化，以延长产品的生命周期。预测和设计产品生命周期不同阶段的应对措施时，应结合航线竞争状况、航线经营历史数据、目标客户群的细分、区域经济发展状况等，根据实时经营变化调整产品的某些特征，使设计和应用的产品能够维持较长的经营周期。在对产品进行调整的过程中应重点加强对产品质量的改进，使产品更符合市场发展的需要。

5. 产品设计应尽量贴近客户需求

民航新产品尤其是运价产品，很容易受到竞争对手的模仿和挑战，因此在产品设计上应尽可能在市场行为中采取主动措施。如何贴近市场、如何满足客户需求，这就要求我们对所辖市场进行科学、定期的营销调研，调整和更新产品结构，提升产品质量。产品设计是为了满足特定市场客户群的需求，在考虑设计时不应单独地针对航线结构特征，而应更多地关注航线优势、航线竞争状况、客户细分中多数客户需求等因素，制定灵活多变的、便于应对竞争和挑战的运价产品，开发富有特色并能最大限度满足客户需求和提升客户满意度的服务产品。比如：德国汉莎航空公司在头等舱和商务舱推出了机上卧床、自选菜单、不停播放影视节目等服务项目，乘客愿意为这些服务多付费，且满意度大增。

综上所述，民航产品的开发应以客户需求为导向，产品设计应注重产品的适用性、有效性和应用性，在科学的营销调研和决策系统的基础上建立一套可持续和一致性发展的产品设计和应用程序，打造具有特色的品牌产品。

补充阅读 5-1

南航的"空中酒窖"

中国南方航空股份有限公司（以下简称"南航"）深圳分公司率先在 1 小时 30 分以上航班的头等舱推出"空中酒窖"提升服务，此次提供的是南航新引进的法国红、白葡萄酒，旅客在机上将品尝到来自法国波尔多和勃艮第等葡萄酒原产地的美酒。这是南航为全面提升空中服务推出的一项品牌服务。为更好地配合此项服务的开展，南航深圳分公司还专门对此项服务的空乘人员进行了培训，编写了标准手册，规范侍酒服务行为，使旅客在机上除了能品尝到知名的法国葡萄酒外，还能从空中乘务员的服务中了解到更多的葡萄酒常识。

据介绍，目前南航航班上配备的三款葡萄酒为：夏布利干白葡萄酒、贝罗依庄园干红葡萄酒、布豪德庄园干红葡萄酒。这三款酒都是法国各法定产区的葡萄酒，并在酒庄或产区内装瓶进口。特别值得一提的是，布豪德庄园干红葡萄酒的产量仅为 8000 瓶，其中的 5000 瓶被南航订购，其珍贵可想而知。

南航深圳分公司客舱服务部对乘务长和头等舱乘务员进行了葡萄酒鉴赏知识侍酒服务、葡萄酒文化的培训。通过培训，乘务员增加了对葡萄酒的认识，从而更好地向旅客推介葡萄酒，打造南航"空中酒窖"特色服务。

品酒并不仅仅是品手中的一杯酒，服务人员恰到好处的介绍、熟练的开酒动作、木瓶塞拔出时悦耳的一响、高脚杯中迷人的酒红、一道美味的牛扒，这一切都是品酒体验中不可或缺的部分。而以往葡萄酒服务中更注重服务结果，较忽略服务过程。所以南航在服务程序上进行了改进，将"介绍—开酒—试酒—倒酒"这一系列完整程序展示在旅客面前，而不仅仅是送上一杯葡萄酒。

特别值得一提的是，南航深圳分公司对于用具也可谓做到了精益求精，木制的酒架、倒酒器、酒塞、切箔器、新款开瓶器、抽真空设备一应俱全，真正使旅客在品酒的过程中得到完美的享受。

（改编自新华网）

 知识拓展：机上饮品服务产品

第四节
航空公司品牌策略

品牌是航空公司经营业绩和社会影响力的一个综合体现，也是航空公司着力打造核心价值并传递价值的一个形象标志。卓越的品牌在为航空公司树立良好社会形象的同时也为航空公司带来实际利益，但是在一定领域内具有优势的航空公司未必就能够建立一个优质的品牌。品牌的建立和传递应是航空公司构建持续性发展战略的目标，而建立优质和强势的品牌更应是航空公司战略管理的愿景。

一、品牌、商标与名牌

1. 品牌

品牌是一个名称、术语、标记、符号、图案，或者是这些因素的组合，用来识别卖者的产品，以便与竞争者的产品相区别。品牌一般包括品牌名称和品牌标志两部分。

（1）品牌名称

品牌名称是指品牌中可以用语言称呼的部分，也称商号或字号。如：吉祥航空（上海吉祥航空股份有限公司）。它主要产生听觉效果。

（2）品牌标志

品牌标志是指品牌中可以被识别，但不是用语言直接称呼的部分，包括符号、设计、颜色、图案等。如："青岛航空"的标志设计（图 5-5）、"国航"的标志设计（图 5-6）。它主要产生视觉效果。

2. 商标

商标是生产者或经营者在国家工商管理机构注册登记受法律保护的、区别不同产品的一种标志。商标未经许可，不得仿效和使用。品牌属于市场或经济概念，而商标属于法律范畴，二者是从不同角度来说明同一事物，因此常被混淆。

图 5-5　"青岛航空"的标志设计　　　　图 5-6　"国航"的标志设计

3. 名牌

名牌是消费者心目中知名的、著名的品牌，也就是说是消费者认可和信赖的品牌。如东航、英国航空、德国汉莎、全聚德、同仁堂等。名牌标志着悠久的历史和雄厚的实力，体现上乘品质和良好声誉，具有广泛的知名度和认同度，有强烈的示范效应和较高的市场占有率。所以说，名牌集质量、个性、服务、信誉、历史和相应的文化含量于一体，因而赢得消费者的普遍信赖和认可。

二、品牌策略

企业和市场营销人员应当充分了解常见的品牌策略，慎重选择，采取恰当的一种或几种为其市场营销服务。

1. 品牌化决策

品牌化是有关品牌的第一个决策，即决定该产品是否需要品牌。在激烈的市场竞争中，品牌可以收到多方面的效果。就产品而言，由于品牌是"整体产品的一部分"，它有助于在市场上树立产品形象，并成为新产品上市和推广的重要媒介。如果企业还有一种或几种品牌的产品线，增加一种新产品到产品组合里也比较容易，在市场上远比无品牌的产品更容易被消费者接受。

2. 品牌归属决策

也称为品牌使用者策略，指企业决定使用本企业（制造商）的品牌，还是使用经销商的品牌，或两种品牌同时兼用。

3. 品牌统分决策

（1）个别品牌

即不同产品使用不同品牌。这样就不至于将企业声誉过于紧密地与个别产品相联系。一个产品失败，不至于对企业整体造成不良后果。

（2）统一品牌

指企业的各种产品使用相同的品牌推向市场。如果生产者可能并能够对该产品线的所有产品都维持相当的品质，统一品牌可使推广新产品的成本降低，不必为创造品牌的接受性与偏爱性而支付昂贵的广告费用。如果企业声誉甚佳，新产品销售必然强劲。利用统一品牌是推出新产品的最直接简便的方法，这种策略会给企业广告宣传带来方便并为企业创造经济效益。

（3）分类品牌

指企业个别的或者部分产品使用同一品牌，企业依据一定标准将产品分类，并分别使用不同品牌。这样，同一类别所属的产品实行统一品牌，不同类别的产品之间实行个别品牌，以兼收统一品牌和个别品牌两种做法的好处。使用分类品牌可以避免两类产品混淆，即便同一类产品中，也可以按产品质量标准把某一类产品分为几个等级，然后为某一个等级的产品制定一个品牌，这样最大的好处是可以避免出现低价产品会降低品牌形象的"拖后腿"现象。

（4）统一品牌加个别品牌

这是兼有统一品牌和个别品牌优点的又一种做法。通常是把企业的商号或商徽作为统一品牌，与企业每一种产品的个别品牌联用。这样在产品的个别品牌前冠以企业的统一品牌，可以使新产品正统化，享受企业已有声誉；在企业统一品牌后面加上产品的个别品牌，又能使新产品个性化。

4. 品牌延伸策略

品牌延伸策略也称品牌扩展策略。指企业尽量利用已获成功品牌的声誉推出改进型产品或新产品。具体有两种基本做法。

（1）纵向延伸

企业推出某个品牌，成功以后，再推出新的经过改进的该品牌产品。此种做法的特点是同一品牌始终用于有所变化的同一产品，以巩固企业在该市场领域的地位。

（2）横向延伸

即把成功品牌用于新开发的不同产品。由于消费者往往很难把已经形成印象的品牌和新产品联系起来，因此横向延伸的运用有一定的风险。但是运作成功的品牌进行横向延伸，不仅可以提高知名度、扩大规模，还可以利用其品牌号召力不断开拓新领域的市场，获取更多的利润。

品牌延伸只是企业战略选择的一种，运用得当方能实现 1+1>2，否则适得其反。企业进行品牌延伸，必须定期评估延伸对品牌造成的影响，以保持品牌形象的准确和鲜活。

5. 多品牌策略

企业对同一类产品使用两种或两种以上的品牌。这种做法是美国宝洁公司首创的。这一成功做法后来被很多企业所接受。

补充阅读 5-2

汉莎航空的多品牌策略

在整合完成 BMI（英国英伦航空公司）与奥航之后，德国汉莎航空公司（以下简称"汉莎")旗下的客运航空公司品牌多达11个,其中包括瑞士国际航空公司(以下简称"瑞航")、布鲁塞尔航空公司等传统网络承运人,也包括德国之翼航空公司这样的低成本航空和意大利汉莎等区域承运人,若再算上汉莎作为小股东的航空公司,则还要再加上捷蓝航空公司(参股15.6%)与卢森堡航空公司(参股13%)两个品牌。

这远远高于欧洲其余三大对手旗下的客运航空品牌:英国航空公司拥有包括自身在内的四个客运航空公司品牌和另外两个参股的航空公司;伊比利亚航空公司只有两个客运航空品牌;法国航空-荷兰皇家航空集团拥有8个客运航空品牌,算上参股的意大利航空公司与肯尼亚航空公司,数目增加至10个,但仍少于汉莎。

"我们相信每个独立品牌都有独立的客户群以及面向独特市场,将某个品牌从市场上拿下来只会让某个独特的客户群失望。"Frach如是解读汉莎庞大的品牌体系。

这并非低估维持多品牌体系的难度,主管汉莎的市场销售、品牌管理并为此直接向汉莎董事会成员、市场与销售执行副总裁Thierry Antinori报告的Frach显然也明白这点:今年7月,由于首次将BMI包括在集团业绩中(之前仅作为联营公司),整个汉莎的客运航空运力提升了5.8%,尽管汉莎本身(不包括瑞航与BMI)的客运运力下调了0.2%。而在此前的4~6月季度,汉莎经历了欧洲六家大型航空公司中最剧烈的客座数危机(跌幅为3.2%)与乘客利润跌幅(达15.8%),瑞士银行分析师Jarrod Castle质疑这表明汉莎的运力调整在其复杂的品牌体系下似乎效率不足。

Frach称汉莎的策略是:"每个航空公司品牌都需要为各自的业绩与盈利能力负责。在集团层面,运力调整的驱动力是服务需求的改变,包括飞机运力以及运价的调整。"他反对以飞机运力调整力度作为唯一的判断指标,"以亚洲市场为例,我们总体上维持了我们的网络,只在个别市场进行了运力调整,这还包括商务舱座位数的调整——我们不必死板地只对飞机运力进行调整,这是灵活性。"

"花力气维护多品牌体系的意义,在于能让客户有充足的选择。例如(汉莎航空公司大中国区董事)冯楚伦就因此能在中国营销一篮子的优质航空公司,多品牌体系还能提供协同效应并达成经济规模。"Frach说。

在行业下行的挑战下,汉莎却在亚洲市场,特别是中国市场表现尤其出色。Frach声称:"在中东航空公司于中欧航线投入新运力的竞争下,我们不单保住了我们的份额,甚至在亚洲提升了我们的份额。"

(改编自中国行业研究网)

 知识拓展:两舱环境介绍

微课

第五节
民航服务营销策略

与产品相关的服务是产品的重要组成部分，又是市场营销组合策略中的非价格竞争的主要手段。

一、民航产品服务特点

航空运输业是一个同质化和竞争性很强的服务行业。航空旅客运输的基本服务要求就是准时、安全地将旅客运送到目的地，传统观点认为航空公司提供的其他服务都处于从属地位，因此航空公司之间竞争往往在基本运输服务这个层面上展开。为了更好地对航空服务进行认知，更新传统观念对航空服务的理解，下面将结合服务的基本特征对航空客运服务进行分析。

自20世纪70年代以来，西方市场营销学者经过大量观察和研究努力，逐渐总结出服务的一般特征，对于大多数服务而言：无形性、异质性、生产与消费的同步性以及易逝性是被公认的服务四大基本特征。

特别提示 5-4

近年来，航空公司的空姐选拔大赛也越演越烈。2007年南航海选空姐已进入最后一站，2000多名梦想飞上蓝天的姑娘们聚集在广州正佳广场，经过一天的初试之后，只有247人入选初赛。据了解，初试评委全部由南航的金、银卡会员旅客担任。初试的内容主要是身高、五官、仪态、身材的考核；通过之后，还要经过笔试、体检、复试、分赛区晋级赛、政审、培训、全国精英赛等层层严酷的环节。通过选拔的空姐也要定期经过航空公司的考核和内训，稍有不慎就会进入待飞状态，航空公司之所以如此严酷的选拔、考核空姐，原因在于空姐的形象和服务水平是乘客近距离能够直接感受到的，航空公司正是通过空姐传达他们的服务理念、服务宗旨。

1. 无形性

无形性是实物商品与服务商品之间最基本的区别，因为服务是一种绩效或行动，所以我们不能像感觉有形商品那样来看到、感觉或触摸到服务。航空公司的服务不是将飞机上的沙发、电视卖给旅客，而是是否能安全、舒适地把旅客从出发地送到目的地。

无形性，给航空公司提供服务带来了营销方面的挑战：一是服务无法依法申请专利，因此新的服务概念和模式可以轻易地被竞争对手模仿。二是航空服务与有形产品相比较，不能轻易地向顾客进行展示或进行有效沟通交流，因此顾客难以评估其质量。服务营销者的任务就是"化无形为有形",如空姐的形象、礼仪、飞机机舱的整洁程度都能影响到乘客对飞机安全状况的认知,因此营销者要提供有形证据,减少顾客购买的不确定性。

航空公司在面对服务无形性时,树立服务品牌恰恰是解决化无形为有形的有效途径。通过强势服务品牌的建立,可以在乘客心目中形成恰当的服务联想。

2. 异质性

服务的异质性主要是由于人们之间的相互作用(在员工与顾客之间)以及伴随这一过程的所有变化因素所导致的。

也就是说,同一航空公司的不同服务人员,由于态度、能力、素质甚至心情的不同,提供出来的服务也往往很难绝对统一,尽管公司有制定标准,但不同的个体执行中也会产生不同的结果。即使是同一家航空公司的同一位服务人员,由于乘客本身不同的性格、习惯、兴趣、爱好、知识水平,他们的直接参与也使服务具有千差万别的真实瞬间。

通常解决航空服务异质性的问题,企业一般可采取三个步骤。

① 投资于挑选高素质的优秀人员并进行统一培训。

② 在组织内将服务实施过程标准化,避免主观因素的影响。

③ 通过顾客调查和对比购买、顾客建议和投诉系统,追踪顾客的满意度。

3. 生产与消费的同步性

服务是先销售然后同时进行生产和消费的。服务生产时顾客是在现场的,而且会观察甚至参加到生产过程中。这意味着在服务的生产过程中顾客之间会产生相互作用,因而会影响彼此的价值体验。

例如,在一架飞机中相互坐在一起的陌生乘客可能会影响彼此对服务的体验,因此商业旅行人员通常尽可能保证他们不与带小孩的乘客坐在一起,这明显地说明了乘客理解彼此影响体验这个事实。另外服务质量和顾客满意度将在很大程度上依赖于"真实瞬间"发生的情况,包括员工的行为、员工和顾客之间的相互作用。这给航空公司确保服务质量带来的难题是要求企业自身必须系统、周到地控制服务质量,涉及员工和乘客两方面的协调。这就解释了为什么很多航空公司经常狠抓服务质量、重视服务培训,因为稍有不慎,服务欠佳便会成为顾客反馈、投诉的问题,从而影响公司整体形象。

4. 易逝性

易逝性指服务不能被储存、转售或退回。

如一架飞机还剩半数空位就飞离机场,那么空着的座位不可能在下次出售,只能"浪费"掉了,因而载客量与客座率计划就成为航空公司的关键问题。同时,一次优质的服务体验无法像有形展品那样成批复制生产,扩大影响力,但往往一次失败的服务给乘客造成的负面印象却是广泛的。这就要求航空公司必须制定有力的补救战略,在差错出现之时能有效地解决。

对于服务的易逝性，良好服务品牌形象的建立有利于企业保持在消费者心目中的正面形象，帮助企业营造竞争中的差异。

二、民航服务营销策略

1. 提供特色的机上服务

机上服务产品介绍

机上服务是航空公司服务产品的主要体现方式。国外航空公司的很多服务细致微妙，值得我们借鉴。目前，国内的航空公司也日益重视机上服务。如有的航空公司推出专为 60 岁以上的老年乘客提供的温情服务——提供老花镜、专座、热饮、软食、御寒的毛毯以及专人护送、引领如厕等敬老服务，让老人舒心；推出专为小乘客提供的游戏服务，让孩子开心；对无人陪伴的小乘客提供全程看护照顾的特殊服务，让家长放心；为当天生日或蜜月旅行的新婚夫妇乘客送上最诚挚的祝福和精美的纪念品；提供有营养、且有当地特色的空中套餐，还要考虑不同种族、不同信仰乘客的饮食习惯，为他们特别提供有特色的、专门的服务……

2. 提供服务承诺

服务承诺是对服务过程的各个环节、各个方面实行全面的承诺，从而引起乘客好感和兴趣的一项措施。由于航空服务的非实体性和质量易变性，乘客通常需要承担较大的消费风险，而服务承诺可以起到一种保险作用。例如，航空公司承诺保证航班准点，承诺当航班因非不可抗拒因素延误、延期、提前、取消时保证补偿乘客的损失，这样便可降低乘客的心理压力，增强对航空服务安全感、可靠感的信心。实际上，敢于推出服务承诺制度就已经体现了一种气魄、一种精神、一种信心，有利于树立良好的航空企业自身的形象。

3. 扩大服务功能

把为乘客提供运输服务的功能与其他有价值的额外服务功能结合起来，建立以航空运输为依托，以酒店为支柱，涉足旅游、宾馆、酒店、餐饮、广告、销售、外贸和房地产等一体化经营的"大航空""大旅游"服务体系，通过内部资源的共享、整合，推出多品种、多层次、多元化的服务产品，既可以扩大航空公司的经营范围，增强抵御客运市场风险的能力，还可以从新的业务中获取更多的利润，肥水不流外人田。例如，德国汉莎航空公司就为旅游者设计了"快乐星期"，其中，为短程游客设计"快乐一日"，为各季节设计"特别季节游"，所有这些项目都将租车、宾馆住宅、延伸服务、联运和转运捆为一体，实施一条龙服务，这些举措既有效地服务于目标乘客，又给航空公司创造了一定的效益。

南航的"无人陪伴儿童"服务

一、背景

国内由南航最早推出无人陪护儿童接送服务,这些独自乘坐飞机的特殊旅客会得到北京南航地服公司的特殊关怀和格外照顾。公司会安排专人帮助无人陪伴儿童办理值机手续、托运行李,带领过安检、引领至休息区。航班起飞前,工作人员将儿童送入客舱,并与乘务员认真交接。飞机落地后,南航工作人员会提前在廊桥口等候,并亲自将无人陪儿童交给其家人。

二、营销策略

开学季来临,南航深圳分公司迎来无人陪伴儿童回程高峰期,为确保小朋友安全顺利乘机,南航推出多项举措,确保家长放心,小朋友开心。

(1)开展"手牵手"乘机活动。针对无陪小朋友激增的情况,南航完善了现有的工作流程,五人以上小朋友必须由两名服务员带领。在整个服务过程中,服务员与小朋友手牵手,确保小朋友安全、快乐乘机。

(2)为小朋友提供专用车辆。针对生产旺季远机位较多的情况,每个航班给小朋友提供专用车辆,为他们提供一个安全舒适的乘机环境。

(3)提供亲情电话服务。针对航班延误的情况,为旅客提供亲情电话,告诉航班延误的时间和预计到达时间,让家长放心,孩子开心,得到了广大家长的满意回馈。

(改编自凤凰网)

 知识拓展:国内主要大型机场介绍

微课

分析思考

1. 通过自己的理解,谈谈航空服务有什么特点?
2. 该案例中,南航怎样克服服务的无形性?

实训任务

评析航空公司服务项目

目前各航司常见主要销售服务产品项目：

航空公司产品方向	产品明细
航空全流程服务产品	付费行李、付费选座、大巴联运服务、火车联运服务、专车接送、停车服务、中转酒店、中转休息室、机上网络
旅游服务产品	机票团购、机票＋酒店、机票＋目的地旅游、机票＋中转旅游、机票＋门票
指定客户票价产品	套票产品、同行产品、企业客户票价、学生票价、老人票价、会员票价
会员产品	会员优惠券、奖励里程、里程兑换机票促销、里程兑换服务、合作伙伴营销产品

【任务目的】

通过对目前市场上常见的民航服务产品的市场调查，探究这些服务产品策划的主要方法和特点，在评析的基础上，要求学生理解和掌握服务类产品策划的原理和方法，培养学生的产品营销能力。

【任务内容】

1. 某航空公司服务项目的调查与研究

选择某航空公司的某项服务产品作为研究对象。需要通过调查了解的信息如下：

（1）研究对象的基本信息　产品的品名、公司品牌、知名度、美誉度；

（2）研究对象的具体信息　产品的功能，消费者对产品功能的满意程度及可能原因；产品的价格及消费者可接受程度；消费者对产品的购买倾向等；

（3）消费者群特征细分　包括年龄、职业、性格特征等。

2. 某航空公司服务项目的评析报告

根据上述评析交流的结果，要求每个小组撰写分析研究报告。应包括以下主要内容：

① 该产品推向市场的背景；

② 产品的主要特点；

③ 服务产品营销的主要原理和方法；

④ 目前存在的成功之处和不足之处；

⑤ 该项目的补充和修订。

【任务组织】

本项实训活动组织以线下为例，也可以调整为线上调查。分如下两个阶段进行：

1. 市场调查与分析研究阶段

① 由教师担任项目总指导。

② 在学生中选择 4 人开展预调查。预调查按提纲的第 1～3 项进行，以明确本项实训活动研究的具体对象，在此基础上要求学生设计问卷。设计工作可以按组分摊提纲，然后汇总成问卷。在题型设计中，大部分可选择封闭性选择题，对"购买倾向""满意原因"的提问则可采用开放式题型。

③ 由学生开展市场实地调查，调查采用定点拦截访问形式，样本数 300 人以上，在学生中推举 4 人作为市场项目督导，其余学生分成 8 组，每组 5～6 人，均担任访问员。

④ 选择多个销售点作为市场调查点，在每个点相隔适当距离散布排列访问员；在每一个市场调查点派驻 1 名督导，巡视访问现场，监控访问质量；每个访问员访问 10 名样本；实际有效问卷应保证 200 个以上。

2. 研讨阶段

① 由教师担任研讨活动总指导；

② 全班分为 10 组，每组约 5～6 人，确定组长 1 人；

③ 每一组就一种服务产品开展讨论；

④ 每组推举 1～2 人进行全班交流发言。

【任务报告】

学生完成实训后应填写实训报告，实训报告主要内容如下：实训目的、实训内容、本人承担的实训任务及完成情况、实训小结。

【任务评估】

姓名学号				班级		任务得分	
一级指标	二级指标	评价内容	考核占比	评价主体		增值评价	增值赋分
职业素养	团结协作精神 风险防控意识 服务意识 学习态度	小组协作完成情况 对民航精神的认知情况	20%	校内教师 10%		上一任务分值/本次任务分值	下降 5 分以下－2/ 下降 3 分以下－1
				企业教师 5%			不变＋0
				组内、组间学生 5%			上浮 3 分以上＋1/ 上浮 5 分以上＋2
	职业素养分值						
任务知识点	学习方法 语言表达 书面表达	对于任务讨论分析情况 是否掌握调查研究的方式、方法 航空公司品牌知名度、服务产品类别的分析、评判情况	35%	校内教师 15%		上一任务分值/本次任务分值	下降 5 分以下－2/ 下降 3 分以下－1
				企业教师 10%			不变＋0
				组内、组间学生 10%			上浮 3 分以上＋1/ 上浮 5 分以上＋2
	任务知识点分值						

续表

姓名学号			班级		任务得分	
一级指标	二级指标	评价内容	考核占比	评价主体	增值评价	增值赋分
任务技能点	实践操作能力 创新能力 自我调控	针对航空公司服务项目的调研、分析、总结、汇报展示的情况	45%	校内教师20% 企业教师15% 组内、组间学生10%	上一任务分值/本次任务分值	下降5分以下−2/ 下降3分以下−1 不变+0 上浮3分以上+1/ 上浮5分以上+2
		任务技能点分值				

项目六

航空公司价格策略

价格已成为营销战的一把利器，可以克敌，也可能伤己。
——乔治·斯蒂格勒（诺贝尔经济学奖获得者、美国价格理论家）

[教学目的和要求]

知识目标：了解航空企业定价的主要影响因素；
　　　　　了解航空企业定价的主要定价环境。

技能目标：能够运用航空公司产品定价的一般方法；
　　　　　能够评析航司的价格变动、修订价格、调整价格策略。

素质目标：树立市场竞争意识、风险防控意识；
　　　　　具备成本意识，节约人力物力进行策划。

[教学重点和难点]

重点：掌握定价的一般原理和方法、新产品定价策略、价格策划；
难点：降价和提价的变动价格策略。

[关键词]

成本导向定价（Cost Oriented Pricing）；

需求导向定价（Demand Oriented Pricing）；

竞争导向定价（Competition Oriented Pricing）；

撇脂定价（Skimming Pricing）；

渗透定价（Penetration Pricing）。

海航开通长沙—洛杉矶航线

海航自 2016 年 1 月 21 日起，开通长沙—洛杉矶航线，使用 B787 机型，每周 2 班。长沙—洛杉矶航线是湖南省开通的首条定期直飞美洲的航线，也是湖南省第二条洲际定期航线。相关统计显示 2015 年长沙机场国际和地区旅客吞吐量 154 万人次，同比增长了 36.9%。由于该航线相对频率较低，对商务旅客缺乏吸引力，同时由于湖南与广州间地面交通方式发达，湖南旅客仍有赴广州搭机的可能，因此该航线仍有一定经营压力。目前海航已推出补贴方案，对从其他城市前往长沙搭乘航班去往洛杉矶的旅客给予补贴。海航利用价格杠杆，刺激市场需求，渴望吸引到更多的旅客。

（改编自和讯网）

> 定价策略，是市场营销组合中一个十分关键的组成部分，是市场营销组合中最灵活的因素，它可以对市场作出灵敏的反应。航空运输价格是否得当，定价策略是否合宜，直接影响航空公司在市场中的竞争地位和市场占有率。价格是一种重要的竞争手段。因此，无论是生产者、消费者还是竞争对手，对产品的价格都十分关注。

第一节　航空公司基础价格策略

一、定价目标策划

企业在不同时期会有不同的价格策略，有时在一定时期内，企业的总定价目标还有主要目标和附属目标之分。对于大多数企业来说，其定价目标越明确，定价就越容易。每种可能的价格都会对企业利润、销售收入、市场占有率等目标产生不同的影响，通常企业的目标有四个，即保持企业稳定、利润最大化、保持和扩大市场占有率、保持质量领先。

1. 以保持企业稳定为定价目标

航空公司也是一个经济组织，获利求得自身生存与发展是企业的根本目标。在竞争极为激烈、供大于求，或经济形势恶化的情况下，"保持企业稳定、维持生存和发展"就可能成为企业的短期目标，以渡过困境。在这样的情况下，企业对经营商品的定价原则是只要能弥补可变成本和一些固定资本，企业的生存便可得以维持。

2. 以利润最大化为定价目标

指企业不考虑长期效益和竞争者的情况，只是把追求当期利润最大化作为目标。根据这条定价法则，要将几种不同价格、对应的商品成本以及市场需求量结合起来一并考虑，从中选出比较理想的价格，即可以获得当期最大利润、最大收益的价格。比如，航空公司在其商品一贯具有良好的声誉的前提下，遇到春运，可以相应提高价格，追求利润最大化，与此同时，企业付出的固定成本虽然没有太大变化，但是变动成本却增加很大，因此即便运价高昂却仍然会有一票难求的情况出现，这证明了消费者不仅有刚性需求，还理解并愿意支付这个价格，而不是有价无市的盲目高利润定价。另外企业如果在目标市场上占有绝对的竞争优势也比较适用。否则，应该采用长期定价目标。

3. 以保持和扩大市场占有率为定价目标

保持和扩大市场占有率是一个流行的定价目标。这是因为市场份额比投资回报率易于衡量，并且更能显示企业的总体财务健康状况。

市场占有率的高低对于企业的生存与发展有着至关重要的意义。德国一项调查资料指出：当市场占有率为9%时，平均投资利润在10%以下；当市场占有率提高到40%以上时，平均投资利润率可以达到30%。由此可见，扩大市场占有率就是扩大企业的长期利润。

4. 以保持质量领先为定价目标

指航空公司追求高质量高价位服务或者高质量低价位服务。成立于1972年的新加坡航空公司，以低廉航空公司的成本水平，为顾客提供卓越的高品质经济型航空服务，其年度经营从未出现过亏损，连续四十多年创造了超越竞争对手的佳绩。

上述这些目标并不是相互排斥的，也绝不是企业定价目标的全部。其他一些目标，例如需求控制、市场领导地位取得、形象的树立、产品线差别化等将有助于实现企业总的营销目标。

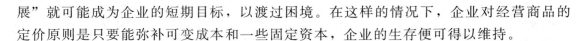

从三亚飞往北京的航班可以为乘客提供多种不同的票价是飞行这条航线的航空公司激烈竞争的结果。不同的航空公司根据其定价目标制定不同价格，包括：①头等舱是5780元；②标准经济舱是2310元；③3折特价700元；④团队价格1000元；⑤4～9折经济舱价格……

二、定价环境分析

航空运输定价要求企业既要考虑运价成本的补偿，又要考虑消费者对运价的接受能力,从而使定价策略具有买卖双方双向决策的特征。

定价环境是指作用于企业营销价格决策的一切外部因素和力量的总和。在市场经济条件下,有效的价格决策要求我们对企业面临的环境价格条件及其发展趋势正确把握和分析。定价环境主要涉及价格微观环境、价格宏观环境以及价格竞争环境等方面内容。航空运输价格的确定,以成本费用为基础,以消费者需求为前提,以竞争价格为参照。价格策略的形成过程,体现了科学与艺术的统一,如图6-1所示。

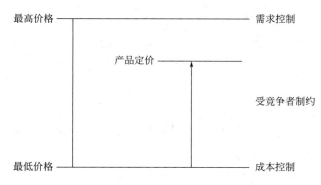

图6-1　产品定价与影响因素之间的关系

1. 产品成本费用分析

成本是产品定价的最低经济界限。航空公司的资产具有极强的专业性,价格昂贵,很多航空公司通过融资购买或者租赁的形式来实现。同时,航空服务产品时效性极强,因此航空公司的运营成本较高。

（1）固定成本

指在一定时期内不随产量而变动的那部分成本,如企业行政管理费、机器设备和厂房的折旧等。这部分费用是一个常数,不管生产发生与否、不论生产多少,都只需要支付一个相同的数额。如果产量增加,每单位产品所耗费的固定成本将呈减少的趋势。

（2）变动成本

是指随着产量变化而变化的那部分成本费,如原材料、员工的工资等。这部分费用随着产量的增加而上升,随着产量的减少而下降。

企业定价时,不应将成本孤立地对待,而应同产量、销量、资金周转等因素综合起来考虑。成本因素还要与影响价格的其他因素结合起来考虑。

特别提示 6-2

航油成本目前是航空公司的第一大成本,一直以来占据航空公司运营成本的三到四成。2015年国际油价持续走低,给民航业的发展带来红利期,低油价使得运营成本变低。马丁咨询公司创始人Mark D. Martin在接受媒体采访时表示,"燃油价格下跌,现在的运营成本是前两年的1/4……"受低油价的支持,有媒体把2015年中国民航的表现形容为"赚翻了"。民航局副局长董志毅表示，2015年前11个月全民航实现利润547.6亿元，同比增长76.2%，创下历史新高。

而2018年10月5日起，国内国航、东航、南航、海航、上海航空、春秋航空、奥凯航空等多家航空公司已上调燃油附加费，以此来缓解航空公司由于国际油价不断上涨带来的成本压力。

2. 需求价格弹性分析

一般来说，产品价格的高低取决于产品的市场需求，即受产品供给与需求的相互关系的影响。当产品的市场需求大于供给时，价格应高一些；当产品的市场需求小于供给时，价格应低一些。反过来，价格变动影响市场需求总量，从而影响销售量，进而影响企业目标的实现。因此，企业制定价格就必须了解价格变动对市场需求的影响程度。

价格的不同引起了需求量的不同，这就是需求的价格弹性，需求价格弹性是衡量价格变动和需求量变动之间数量关系的一种尺度，是需求量对价格变动的反应程度。

$$需求价格弹性 = 需求量的相对变动 / 价格的相对变动$$

由于需求规律的作用，价格和需求是呈相反方向变动的，价格下跌，需求量增加，价格上升，需求量减少，因此，需求弹性总是负数，我们通常采用其绝对值。需求弹性的具体数值通常被称作需求弹性系数，它有无穷大、大于1、等于1、小于1和零五种情况。表6-1具体分析其中三种。

表6-1　弹性系数的大小与销售收入之间的关系

分类	大小					
	弹性系数大于1		弹性系数等于1		弹性系数小于1	
价格	下跌	上涨	下跌	上涨	下跌	上涨
销售收入	增加	减少	不变	不变	减少	增加

特别提示 6-3

民航资源网2016年2月14日消息：2月7日至13日春节黄金周期间，哈尔滨机场共起降航班2533架次，运送旅客33.9万余人次，同比分别增长7.2%和4.6%，均创历史新高。尽管近几天哈尔滨机场每天加班40余班次，而且国航、东航、海航也纷纷调整运力，临时调配A330大型客机投放哈尔滨机场运营，然而由于今年探亲流、旅游流和学生流高度叠加，哈尔滨出港机票出现一票难求的现象。民航哈尔滨售票处销售系统显示，目前从哈尔滨飞往北京、上海、广州、深圳、西安、昆明、杭州、烟台、青岛、济南等大多数城市的机票异常紧俏，不仅没有任何折扣，而且往往是一票难求！需提前预订！

3. 竞争状况分析

竞争因素也是影响价格制定的重要因素。因此，企业必须了解竞争对手的产品及其价格。此外，竞争的强度对企业的价格策略有重要影响，企业可以调查比较竞争者提供的产品特点及其价格，用这些作为制定价格的依据。

4. 其他环境因素

（1）消费者心理和习惯

消费者心理和习惯上的反应是很复杂的，因此在研究消费者心理对定价的影响时要持谨慎态度，要仔细了解消费者心理及其变化规律。

（2）政府或行业组织干预

此处政府行为不仅指本国政府行为，还包括国外的政府行为。政府或行业组织干预的目的大多是为了维护经济秩序，他们通过立法或者其他途径对企业的价格策略进行干预。一些贸易协会或行业协会组织也会对企业的价格策略产生影响。

（3）企业或产品的形象因素

企业会根据定位理念和品牌形象的要求，对产品价格做出限制。比如企业为了树立热心公益事业的形象，会将某些公益产品的价格定得较低；为了形成高贵的企业形象，将某些产品价格定得较高等。

收集和分析与定价相关的环境信息是企业正确地制定产品价格的关键。企业应将所收集到的企业内部信息进行加工整理，提炼出对产品定价最有影响的主客观因素，为定价目标的制定提供参考。

三、定价方法

根据定价时所采取的基本依据不同，企业的定价方法一般分为三类：成本导向定价法，需求导向定价法和竞争导向定价法。这三种定价方法分别强调以企业成本、消费需求和市场竞争状况中的某一方面作为企业制定价格的依据，不同导向的定价方法各有利弊，企业在定价过程中，要能妥善处理好三种导向之间的关系，最终形成合理的价格。

1. 成本导向定价法

它是企业定价首先需要考虑的方法。成本是企业生产经营过程中所发生的实际耗费，客观上要求通过商品的销售而得到补偿，并且要获得大于其支出的收入，超出的部分表现为企业利润。

（1）成本加成定价法

以产品成本为基础，加上预期利润，确定价格水平，是企业最基本、最普遍的定价方法。即：

$$单位产品价格 = 单位产品成本 \times (1 + 加成率)$$

在民航企业中，一旦机型、航线、航班时刻确定下来，就可以根据企业的直接运营成本、间接运营成本估算出每一个航班的"座千米成本"或"吨千米成本"，加上公司期望的合理利润，形成基本的客运价格。该方法简单明了，有利于企业成本补偿并获取相应利润，缺点是没有考虑到企业在特定情况下面对的竞争和同一服务对不同消费者具有不同价值这一事实。当航班时刻表被确定和公布之后，民航企业运营成本的绝大部分都已经确定，一个满载航班和一个空载航班的成本差异很小。此时航空客运价格的制定就应当以市场为标准，而不是以成本为标准。

（2）目标收益定价法

又叫作目标利润定价法，或投资收益定价法。它是在成本的基础上，按照目标收益率的高低计算价格的方法，计算步骤如下。

① 确定目标收益率

$$目标收益率＝(1/投资回收期)\times 100\%$$

② 确定目标利润

$$单位产品目标利润＝总投资额\times 目标投资收益率/预期销售量$$

③ 计算单价

$$单位产品价格＝单位变动成本＋单位产品目标利润$$

（3）边际贡献定价法

边际贡献是产品销售收入与产品变动成本的差额。该定价方法的原则是：产品单价高于单位变动成本时，就可以接受。即：

$$单位产品价格＝单位产品变动成本＋单位产品边际贡献$$

边际贡献定价法忽略航空运输产品的固定成本，不按总成本计算价格，而是根据由于运输量增加而直接导致的成本确定价格。这种定价方法广泛应用于短期供给弹性低、固定成本高的行业。在航空运输业，该方法使用得很普遍，因为航班一旦起飞，其剩余的座位就浪费了，所以，在航班起飞前的很短一段时间内，通常将剩余机票以略高于边际成本的价格出售给候补旅客，即票价略高于每位旅客增加的餐饮、燃油、离港等费用。候补票不能确保旅客在某一航班上的座位，因此，旅客必须提前到达机场等候，航班上有空位时才可以登机。如果没有剩余座位，旅客可以得到退款，或者等候下一次航班。由此可见，边际贡献定价法的好处是能填补剩余运力、补偿固定成本，缺点是如果控制不好，享受边际成本价格的顾客比例过高，会造成航空公司利润损失甚至亏损。

2. 需求导向定价法

需求导向定价是基于消费者期望的定价，即以消费者认知需求强度为基础，通过了解消费者心目中的价格带，从而定出消费者能接受的最终价格。它是以市场对产品的需求强度作为定价基础，结合成本、收入变动关系，确定产品价格。

（1）理解价值定价法

也称觉察价值定价法，是以消费者对商品价值的感受及理解程度作为定价的基本依据。通常把买方的价值判断与卖方的成本费用相比较，定价时更侧重考虑前者。

（2）需求差异定价法

需求差异定价法是以不同消费者的消费需求强度差异、不同地点、时间、商品为定价的基本依据，针对每种差异决定其在基础价格上是加价还是减价。主要有以下几种形式。

① 基于顾客差异的差别定价：民航运输中，大多数企业会提供多种运价与服务的组合，以满足不同类型的顾客要求。比如同一条航线，有的顾客对时间不要求，价格弹性就可较大，并用低价方式招徕顾客；反之，可以采取高价策略保证航空公司的收益。

② 基于服务差异的差别定价：航空公司为了在竞争中取得优势，往往推出同样航线，服务内容却大不相同的特色体验，以此来赢得消费者的青睐。

③ 基于地理位置差异的差别定价：航空运输业可以在消费者服务价值大的地方收取较高的价格。在营运过程中，对不同的航线常常收取不同的单位价格，也就是常说的往返价格差异比较大，这和两地的经济水平、竞争情况、消费者行为习惯都有关系。

④ 基于不同的运输距离的差别定价：航空运输里程越长，单位成本越低，服务价格高。

⑤ 基于时间差异的差别定价：航空运输的价位受季节、时间段影响最为明显，同样的服务，因为淡季旺季会差异较大。

特别提示 6-4

航空公司高端经济舱最初于20世纪90年代初诞生在英国和中国台湾地区，其座位通常更宽、腿部空间更大，显示屏屏幕也更大，餐食服务更好。由于乘客需求大，并且能够创造高于常规经济舱座位的利润，高端经济舱已经成为远程国际航空公司不可或缺的产品。美国航空2018年11月14~21日洛杉矶—伦敦往返航班的高端经济舱机票价格为1791.41美元，这几乎是同一航班经济舱票价的三倍。无独有偶，同一日期，达美航空底特律—东京航线高端经济舱的票价为2803.41美元，要比经济舱超出1602美元。但是即便如此，高端经济舱的票价仍然要比商务舱和头等舱便宜数千美元。因此，高端经济舱成为航空公司赚钱利器，也同时成为消费者心中愿意买单的产品。

实行差异定价要具备以下条件：市场能够根据需求强度的不同进行细分；高价市场中不能有低价竞争者；细分后的市场在一定时期内相对独立，互不干扰；价格差异适度不会引起消费者的不满。

3. 竞争导向定价法

竞争导向定价法是针对竞争对手同类产品的价格，确保自己的产品价格与竞争对手相比具有竞争优势的一种定价方法。主要用到以下两种方法。

(1) 通行价格定价法

也称随行就市定价法，是竞争导向定价方法中广为流行的一种。

(2) 主动竞争定价法

它不是追随竞争者的价格，而是根据零售店商品的实际情况及与竞争对手的商品差异状况来确定价格。定价时首先将市场上竞争商品价格与企业估算价格进行比较，分为高、一致、低三个价格层次。其次，将企业产品的质量、性能、成本、产量、式样等与竞争对手进行比较，分析造成价格差异的原因。再次，根据以上综合指标确定企业产品的特色、优势及市场定位，在此基础上，按定价所要达到的目标，确定商品价格。最后，跟踪竞争商品的价格变化，及时分析原因，相应调整企业商品价格。

特别提示 6-5

收益管理是航空公司提高收益的重要技术。

目前，国外各航空公司已普遍实施了收益管理。航空公司的客运收益管理是使需求（旅客及潜在旅客）和供应（座位）相匹配，使每个航班的收益达到最大的过程。

收益管理的核心理论来自经济学的区别定价，即对不同需求的旅客收取不同的价格。一般而言，航空公司将旅客分为时间敏感型旅客（商务旅客）和价格敏感型旅客（休闲旅客），将客舱分为全价舱和折扣舱分别满足不同类型旅客。由于旅客从经济理性出发，一般优先选择购买低价票。所以航空公司必须对购买低价票的旅客附加限制，这些限制包括提前购买、不可退票、不可改签、到达地停留时间等。这样将物理上无差异的座位划分成不同的产品，满足不同需求类型的乘客。对于航空公司而言，这种划分是个两难的选择。如果低价票的数量过多，则随后的高价票旅客的需求可能得不到满足，因而收益将会下降。同样如果低价票的数量过少，起飞时将产生较多的空座，一样也会影响收益。1987年美国麻省理工学院的Belobaba博士在其博士论文中根据边际收益原理建立起一种舱位控制方法（EMSR）。这种方法已成为航空公司舱位控制的经典方法。

四、新产品定价策略

航空运输价格对航空企业的收入和利润影响也很大，价格通常是影响交易成败的重要因素，同时又是市场营销组合中最难以确定的因素。

1. 撇脂定价策略

也称高价定价法，是指新产品上市初期，将新产品价格定得较高，在短期内获取厚利，尽快收回投资。这一定价格策略就像从牛奶中撇取奶油一样，取其精华，所以称为"撇脂定价"策略。

撇脂定价法一般适用于以下几种情况。

① 产品有特色、有吸引力，高价仍有较大需求，而且竞争者很难迅速进入市场。

② 对新产品未来的需求或对产品的成本无法估计，低价风险大，因此先以高价投石问路。如果航空公司想要长期使用该策略，需要不断进行服务创新。

③ 把精品、独特的产品形象展现给目标消费者。

因此，航空公司企业经营者在决定采用撇脂定价企划时，要分析市场上新产品的供求特点，权衡利弊，谨慎选用。

2. 渗透定价策略

又称薄利多销策略，是指企业在产品上市初期，利用消费者求廉的消费心理，有意将价格定得很低，使新产品以物美价廉的形象吸引顾客，比较容易进入目标市场，占领市场，以谋取远期的稳定利润。

渗透定价法适用的条件有两个。

① 新产品的需求价格弹性较大，消费者对价格比较敏感，吉祥航空等低价航空可以吸引较多顾客，可以扩大市场份额。

② 新产品存在着规模经济效益，利用大量生产降低成本。航空企业可以利用低价排斥竞争者，占领市场进而保持一定的市场份额。

近几年，很多低成本运营的航空公司以低价高质量的姿态进入市场，企业扩张较迅速，并且市场份额也保持得比较稳定。如图6-2所示，低成本航空近几年的市场份额稳定增长。

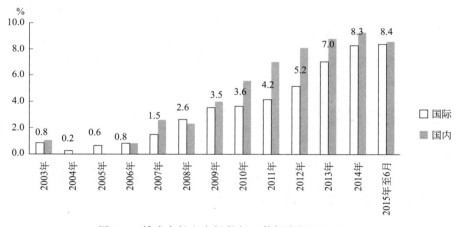

图6-2 低成本航空市场份额（数据来源：CAPA）

3. 温和定价策略

又称为平价定价法，是一种比较稳妥的价格策略。指在新产品上市后，按照企业的正常成本、国家税金和一般利润，定出中等价格，使企业既能获得一般利润，又能吸引购买，赢得顾客的好感。采用温和定价法比较稳妥，基本上能够做到供求双方都比较满意。

航空公司为了有更好的发展，必然要推出各种各样的服务品种和不同档次的产品。

第二节
航空公司修订价格策略

航空公司在市场营销实践中,需要考虑或利用灵活多变的定价策略,修正或调整产品的基础价格。

特别提示 6-6

"2016年2月3日春运期间,我抢到了一张从天津飞往广州的9元特价机票!"一位赢家顾客非常兴奋地表示。

且看这条新闻的详细内容:这家低成本航空公司对行李的要求与其他全服务的航空公司很不一样:机票分三个档次,购买特价票或最便宜档次机票是没有免费托运行李额度的;对乘客随身带入客舱的手提行李要求也很严格,只能带一件7kg以内且规格不超过20cm×30cm×40cm的行李,实际上也就是一个双肩背包的大小,一般传统客机允许携带上机的小拉杆箱是上不了9元航空的客机的。9元航空的客机内设跟全服务航空公司的客机也是不一样的,是专门从波音公司定制的全新波音737-800型客机。没有了传统很占空间的头等舱和公务舱,全部只有一个经济舱,共189个座位,比传统的客机要多出30来个。这样每个乘客的飞行成本就降低了,9元航空才可以给大家提供这么经济、实惠的机票,但与此同时大家享有的行李空间也变小了。

该事件还有一个赢家就是航空公司,它成功地通过超低价客票吸引了大众、媒体的关注,提高了知名度。

一、促销定价策略

1. 季节折扣

淡季折扣是航空运输中最常见的促销形式,可以刺激消费者的均衡需求,以适应运输生产的供应均衡,与其他交通运输方式竞争。

2. 会员折扣

为了更好地刺激消费者的购买欲望,航空企业千方百计实行价格花样促销,为培养品牌忠诚者还会经常发给顾客会员卡、贵宾卡(VIP)、积分等,以后再次消费该公司的某航线航班可以享受价格折让。

3. 数量折扣

数量折扣是指对购买数量较大的买主,给予一定的价格折扣,予以鼓励。这种促销形式往往是与其他促销方式结合使用的。数量折扣又分累计数量折扣和非累计数量折扣两种形式,用于鼓励客户经常购买或者一次性大量购买,包括团购这种形式,都是通过产品的多销、快销而降低公司的销售费用。运用数量折扣的难点在于如何确定合适的折扣标准和折扣比例,企业应结合产品特点、销售目标、成本水平、需求规模、购买频率、竞争手段、商业惯例等多种因素来制定科学的折扣标准和比例。

4. 现金折扣

现金折扣是企业对客户迅速付清货款的一种优惠,是对在规定的时间内提前付款或用现金付款的顾客所给予的一种价格折扣,其目的是加速资金周转、降低销售费用、减少财务风险。采用现金折扣一般要考虑三个因素:折扣比例、给予折扣的时间期限、付清全部货款的时间期限。比如,某企业规定,客户必须在 30 天内付清全部货款,若在 10 天之内付清的享受 3% 的价格优惠,若在 20 天之内付清货款的享受 2% 的价格优惠。

5. 职能折扣

又称交易折扣或功能折扣,是指生产企业针对其中间商在分销过程中所处的位置不同,承担的责任、风险不同,在促销方面起的作用也不同,在价格上给予的不同折扣。给予中间商折扣,是为了和中间商建立长期、稳定、良好的合作关系,鼓励中间商大批量进货、扩大销路。

6. 推广折让和补贴

推广折让是间接折扣的一种形式,销售者按照一定的比例将货款的一部分返还给购买者。补贴是指航空企业为了报答中间商在广告宣传、展销等推广方面所做的努力,给予一定比例的津贴,作为酬谢或资助。

二、心理定价企划

心理定价企划是利用消费者的心理因素或心理障碍,根据不同类型消费者购买商品或服务的心理动机来制定企业商品或服务价格的定价策略。

1. 习惯定价策略

习惯价格心理,即消费者习惯于接受某些品牌特定价格水平的消费心理。

2. 声望定价策略

这是根据产品在消费者心目中的声望、信任度和消费者的社会地位来确定价格的定价策略。这种定价法主要适用于名牌企业,声望很高、有着良好的信誉沉淀的航空公司自然可以赢得消费者的买单。

特别提示 6-7

例如,厦航的客座率逐渐提高和公司的良好运转赢得了口碑有关。2015 年 12 月国内客运航企正常率数据发布。

第一名,厦门航空,正常率 88.33%,同比提高了 19.02 个百分点。
第二名,上海航空,正常率 85.19%,同比提高了 15.64 个百分点。
第三名,四川航空,正常率 82.71%,同比提高了 1.77 个百分点。

3. 招徕定价策略

招徕定价策略是指航空公司除了正常定价的产品以外，会有某几种产品定价非常之低，以引起顾客的好奇心和关注，利用消费者追求物美价廉的心理，带动其他产品的销售，达到打开销路或者加速资金周转的目的。

4. 整数定价策略

定价时，对于那些不能明确其质量的产品，消费者往往会产生"一分钱一分货"的感觉，而把商品定价为整数、不带尾数正是迎合了这种消费心理，给人以价高质优的感觉。

5. 尾数定价策略

尾数定价是在商品定价时有意定一个与整数有一定差额的价格，这是一种具有强烈刺激作用的心理定价企划，如798元、988元等这样的数，希望增强消费者对价格的信任感，同时增强低廉感。心理学家的研究表明，价格尾数的微小差别，能够明显影响消费者的购买行为。

第三节 航空公司变动价格策略

随着市场环境变化和市场竞争加剧，企业必须做出相应的价格变动和调整企划。企业价格变动，不外乎降价和提价两大类。

一、关于降价的分析

由于需求弹性大，竞争比较激烈，降价可以增加销售量和利润，因而可以使成本下降。若航空公司的产品不降价，则可能失去很多市场，使市场占有率下降，市场占有率一旦下降，再恢复到原来的水平就非常难。需要注意的是，价格降低了，航空公司提供的服务水平一定不能降低，至少要维持原来的水平，否则，就会损害企业的长远利益，影响企业的市场形象，失去市场地位和形象。

二、发动降价的策略

1. 把握降价时机和幅度

市场变化多端，企业应把握机会进行价格调整。如在商品价格弹性改变、市场竞争格局发生变化、大众消费偏好发生转移时，企业应主动出击，调整价格，抢占市场。适合发动降价企划的产品至少满足下列条件之一：

① 品牌成熟度高的航企，有较强的成本优势；
② 运力供大于求，飞机日利用率下降；
③ 季节淡季，客座率、载运力低；

④ 各种运输方式竞争激烈的地区，市场占有率不占优势的时候。

2. 各种竞争手段并用

① 向公司内部职工或关系户进行待价销售。

② 特殊时段、特殊航线可以最大折扣处理。例如，当前国际航线竞争激烈，航空公司运价需要适时调整，最大限度刺激消费，保证市场占有率。同时，运用该手段可以及时回笼资金，保证企业进行正常的经营活动并获取合理的销售额和利润。图 6-3 是近几年国际航线的价格走向。

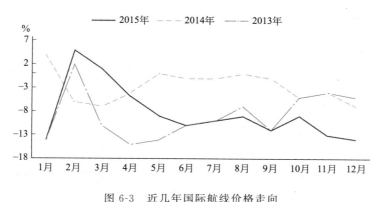

图 6-3　近几年国际航线价格走向

三、关于提价的分析

1. 成本因素

成本提高对航空公司来说，可能因为管理不善，也可能是油价、人工等成本上升造成的。只有在行业普遍成本上涨时，航空公司上涨价格才会被消费者理解接受。

2. 运力供不应求

需求旺季，运输往返航线都很繁忙，特别是国内传统的春节、中秋等团圆节日，以及目前流行的海外、境外出游购物航线，如果能够提供相关的全程优质服务，会出现供不应求的局面。

3. 通货膨胀

通货膨胀或价格水平的持续攀升已成为遍及全球的现象。通货膨胀直接导致成本上升，必然要求对企业产品价格进行适时调整，因为上升的成本必须通过提高企业产品销售价格获得弥补和消化。

四、发动提价的策略

航空公司应认真分析提价可能对企业带来的影响，对消费者、竞争者、中间商和社会其他方面可能做出的反应进行分析，采取相应对策，才能争取到较好的提价效果。

发动提价需要运用一定的技巧与方法，常见的方法如下。

1. 公开真实成本

通过公共关系、广告宣传等方式，航空公司可以在消费者认知的范围内，把产品成本上涨情况如实地公开，争取顾客的理解，但如果趁机虚张声势，则会引起消费者的反感，适得其反。

2. 增加服务项目、提高质量

比如产品在数量、规格、样式方面给了顾客更多选择的机会，使消费者认识到企业在提供更加优质的产品或服务，索取高价是应该的。

3. 增加产品的附加利益

比如可以在提供赠送礼品或者追加服务等附加利益的同时提高价格，减少顾客因涨价而产生的压力，使顾客感到价格提升是自然而然的。

4. 品牌价值提升

有时提价是为了提升品牌的档次，使得产品线向中高端延伸。为了保持一定的品牌形象，品牌价值提升在提升产品档次、价格的同时也提升了产品在市场上的操作空间，会取得较好的市场效果。

东航下调汉台直航票价

一、市场背景

近日，中国东方航空武汉有限责任公司（China Eastern Airlines Wuhan Co.，简称东航武汉公司）召开新闻发布会介绍，自东航开通汉台（武汉—中国台湾）包机直航后，截至8月27日，公司共运送旅客11790人，班次70班。其中旅游团队4868人，台胞6922人，客座率达到75%。从8月31日起，东航武汉公司将在原每周仅一个航班的基础上，增加一个航班。此前，武汉每周仅有东航一个包机直航航班。8月22日，中国台湾复兴航空公司（简称复兴航空）进入后，每周有三个汉台航班。两岸定期直航正式启动后，便可实现武汉每周6个航班直飞中国台湾。分别是东航周一和周四的两个、复兴航空周三和周六的两个、南航周二和周五的两个。到9月底，中国台湾长荣航空还将开通每周两个汉台航班。

二、价格策略

随着航班增多，汉台直航票价开始大幅下降，已从原来的往返2800元左右降至1900元左右。2009年8月31日，两岸定期直航正式启动。记者获悉，汉台直航航班每周增至6个。随着复兴航空等航空公司的进入，汉台直航票价降至2000元以下，只有原票价的70%。东航武汉公司还宣布，拟将新增汉台航班的首班收入和9、10月份新增的汉台航班收入的5%，捐献给因台风受灾的中国台湾同胞。

 知识拓展：航班的超售处理

 微课

 分析思考

1. 航空公司的运价变化对你有影响吗？分析一下会对哪些消费者产生很大的波动，真的有对降价无动于衷的消费者吗？
2. 民航企业常用的定价方法有哪些？
3. 通过该案例你还可以领会到什么营销理念？

 实训任务

评析某航空公司产品的定价策略

【任务目的】

结合当地的实际情况，要求学生能够与一家或多家航空企业联系并结合企业的某航班运价了解企业的定价方法，通过课堂学习提出自己的意见。

通过调查分析航空公司或企业的两种以上不同类别的产品的定价策略，要求学生掌握和理解产品定价策略的具体应用。

【任务内容】

1. 资料收集

选择某航空企业的两种产品或者不同航空公司的同一航线产品作为调查对象，调查提纲如下：

① 两种产品的品牌；

② 两种产品的价格及可接受程度；

③ 两种产品的销售渠道；

④ 两种产品的市场占有率；

⑤ 两种产品服务内容、价格及顾客满意度；

⑥ 两种产品的主要竞争者产品的价格水平；

⑦ 两种产品的往返地点的销售情况。

2. 两种产品定价策略的特点讨论

研讨活动先由个人提出初步意见，然后小组讨论，并推举代表全班交流，主要包括以下内容：

① 两种产品的定价策略有哪些？

② 所运用的定价策略是否达到了预期效果？

3. 撰写分析研究报告

以小组为单位提交，内容包括：

① 所调查产品运用的定价策略；

② 竞争对手所用的定价策略；

③ 分析评析。

【任务组织】

1. 市场调研阶段

（1）教师担任项目总指导　调查方法采用实地调查和间接资料收集两种方法相结合的方式，实地调查采用定点访问形式。选择不同的销售地点，在每个点安排访问员，设计访问问卷，设计工作可以按组分摊提纲，题型设计中大部分可以是封闭式选择题，个别提问可以是开放式。间接资料包括各类报道、宣传、广告、介绍等。

（2）调查结果　要求教师组织统一进行信息处理。

2. 研讨阶段

由教师担任总指导，全班分成若干小组讨论，每组就一种产品定价展开讨论，每组推选一人全班交流。

【任务报告】

学生完成实训后应填写实训报告，实训报告主要内容如下：实训目的、实训内容、本人承担的实训任务及完成情况、实训小结。

【任务评估】

姓名学号				班级		任务得分	
一级指标	二级指标	评价内容	考核占比	评价主体		增值评价	增值赋分
职业素养	市场竞争意识 风险防控意识 成本控制意识	小组协作完成情况 是否具备市场竞争意识、风险防控意识来分析认识民航产品的定价策略	20%	校内教师10%		上一任务分值/本次任务分值	下降5分以下－2/ 下降3分以下－1
				企业教师5%			不变＋0
				组内、组间学生5%			上浮3分以上＋1/ 上浮5分以上＋2
	职业素养分值						
任务知识点	学习方法 语言表达 书面表达	民航产品定价策略的认知情况 民航产品定价调整策略的认知情况	35%	校内教师15%		上一任务分值/本次任务分值	下降5分以下－2/ 下降3分以下－1
				企业教师10%			不变＋0
				组内、组间学生10%			上浮3分以上＋1/ 上浮5分以上＋2
	任务知识点分值						
任务技能点	实践操作能力 创新能力 自我调控能力	产品的定价策略评析的能力 可用数据的判断分析能力 根据问题提出解决思路的能力	45%	校内教师20%		上一任务分值/本次任务分值	下降5分以下－2/ 下降3分以下－1
				企业教师15%			不变＋0
				组内、组间学生10%			上浮3分以上＋1/ 上浮5分以上＋2
	任务技能点分值						

项目七

航空公司分销策略

企业应全力以赴地发现分销渠道,分销渠道越多,企业离市场越近。
——菲利普·科特勒(现代营销学之父、西北大学凯洛格管理学院终身教授)

[教学目的和要求]

知识目标:了解分销渠道的结构;
　　　　　理解航空公司分销渠道的设计和管理;
　　　　　熟悉民航客票的分销渠道的策略。
技能目标:能够设计和调整民航客票分销渠道;
　　　　　能够电子客票的合理运用民航客票的分销渠道。
素质目标:具备服务意识,以消费者为中心进行分销;
　　　　　具备成本意识,节约人力物力进行策划;
　　　　　具备团结协作,吃苦耐劳的精神。

[教学重点和难点]

重点:掌握企业的分销渠道策略、航空公司分销渠道设计与控制;
难点:航空公司分销渠道策略、中间商的选择。

[关键词]

分销渠道(channel of distribution);
渠道组织结构(channel institutions);
分销策略(distribution policies);
渠道管理(channel management);
渠道设计决策(channel-design decisions)。

春秋航空公司的渠道策略

春秋航空是一家国内民航业中少有的有着自己清晰的战略定位和鲜明市场形象的公司,春秋航空定位于自掏腰包的中低端商务客、年轻的都市白领和旅游市场。"做中国老百姓坐得起的航空公司"——这是企业的愿景。尤其令人佩服的是,可以看到春秋航空正在各个环节执着坚定地执行这样的一个战略。"问题的关键在于有这样的市场需求——这才是最重要的",这是春秋老板王正华对这样的市场定位的解释。

为了引导旅客选择网上直销 B2C 的模式,春秋航空将其销售渠道迅速转换到网上销售的低成本渠道,它采用只在自己的网站上投放最低折扣的机票,如 99 元的机票,采用网上支付则可降低 30 元等措施,来激励和引导旅客采用网上订票和支付。此外,它利用其旅游网点组织旅游客源,并且利用销售人员的引导推介网上订票。它较少采用代理人销售,目的还是降低渠道的代理费用,这样就把营销费用大幅削减了 7~8 个点,而传统代理渠道的营销费用一般占总成本的 9%~10%。因此,春秋航空采用了多渠道策略,除了 B2C 的网上直销以外,在一些地区该方法难以较快启动市场时,才不得已采用支付高代理费利用代理人销售的方法。

(改编自新浪网)

> 目前民航运输行业面临全面竞争,分销代理商面临越来越低的利润空间,作为航企,对分销渠道的管理及协调渠道成员之间的关系显得尤为重要。加强渠道管理,降低渠道物流成本,与渠道成员关系实现双赢是实现分销渠道增值和长远发展的前提。航空公司能否选择最适应其产品营销的渠道,是产品销售、企业成功的重要的一环。

第一节 分销渠道结构

一、分销渠道的概念与特征

1. 分销渠道的概念

营销学之父菲利普·科特勒认为:"营销渠道是指某种货物或劳务从生产者向消

费者移动时,取得这种货物或劳务的所有权的企业和个人。"在民航运输业,分销渠道是指航空公司为旅客提供服务时所在的位置和使用的方式,即如何把航空运输服务交付给旅客和在什么地方交付给旅客。

分销渠道的基本功能与具体表现如表 7-1 所示。

表 7-1　分销渠道的基本功能与具体表现

分销渠道的基本功能	具体表现
实现产品从生产者向用户的转移	寻找客户
	实现商品所有权的转移
	寻找潜在购买者,并与其进行沟通
	促进销售
	商品的流通
	编配分类等
	融资
	风险承担

2. 分销渠道的特征

分销渠道作为一种产品转移的途径具有以下特征。

① 虽然生产者可以直接与消费者进行沟通,完成商品交易活动,实现零渠道运作,但是对于大多数生产者来讲,中间环节的介入是产品分销成功不可缺少的。因此,一条分销渠道多由两个或更多个在产品分销过程中发挥必要功能的机构或个人组成,如零售商、批发商、销售代理商和辅助机构等。

② 分销渠道存在于公司的外部,它往往不是公司组织内部机构的一部分,而是由与外部关联的、达到公司营销目的的经营组织构成。所以分销渠道的管理和控制要比一个企业内部的管理和控制复杂得多、困难得多。

③ 分销渠道中的成员之间存在竞争和合作的关系。虽然它们利益关注点不同,但每一个渠道成员都享受着渠道成功的回报或承担失败的风险,都希望通过专业化和合作提高自己的竞争实力。因此,分销渠道存在的基础就是成员之间最低限度的合作,并且只有通过渠道范围内的合作,将渠道中的主要参与者联系在一起,营销和物流配送等经营活动才能高效顺利进行,才能更好地实现企业的分销目标。

④ 在分销渠道中,除商品所有权转移方式外,还隐含货币流、信息流、物流、促销流等。

二、分销渠道结构策略

分销渠道的结构,可以分为长度结构(层级结构)、宽度结构以及广度结构三种类型。三种渠道结构构成了渠道设计的三大要素或称为渠道变量。进一步说,渠道结构中的长度变量、宽度变量及广度变量完整地描述了一个三维立体的渠道系统。

1. 分销渠道的长度结构

分销渠道的长度结构，也叫作层级结构，是按照其包含的渠道中间商（购销环节），即渠道层级数量的多少来定义的一种渠道结构。一般行业的渠道长度结构如图7-1所示。

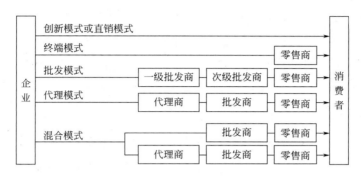

图 7-1　行业的渠道长度结构

民航运输产业中旅客和产品交付的表现形式是机票的销售，因此，民航运输业的渠道长度结构实际上是机票到达顾客手中的环节有多少。航空公司的产品分销渠道可以表达为直接渠道和间接渠道，这二者之间的区别在于有无中间商。

南航于2015年6月1日起开始取消机票代理商的手续费，将仅剩1％的手续费彻底"归零"。厦航从6月5日、东航和国航从6月10日起也纷纷将机票代理商手续费"归零"。长期以来，机票以代理分销为主的销售模式，将在航空公司发起的"直销大战"中进行洗牌。

2. 分销渠道的宽度结构

渠道的宽度结构，是根据每一层级渠道中间商的数量的多少来定义的一种渠道结构。渠道的宽度结构受产品的性质、市场特征、用户分布以及企业分销战略等因素的影响。渠道的宽度结构分成三种类型：密集型分销渠道（宽渠道）、选择性分销渠道（窄渠道）、独家分销渠道（超窄渠道），如表7-2所示。

表 7-2　渠道的宽度结构

项目	类型		
	超窄渠道（独家分销渠道）	窄渠道（选择性分销渠道）	宽渠道（密集型分销渠道）
特征	一地一家分销商	一地多家分销商	一地无限多分销商
优点	有利于控制市场,强化产品形象,中间商积极性高	比独家分销面广,比密集分销节省费用,并较易控制,中间商选择得当,可兼具两者优点	市场覆盖面广,产品进入市场速度快
缺点	市场覆盖面较窄,灵活性差	如中间商选择不当,也无法避免另两种形式的不足	无法控制渠道与中间商,中间商责任心与积极性差

3. 分销渠道的广度结构

渠道的广度结构，实际上是渠道的一种多元化选择。也就是说许多公司实际上使用了多种渠道的组合，即采用了混合渠道模式来进行销售。

概括地说，航空公司产品的销售渠道可以笼统地分为直销和分销两个大类。其中直销又可以细分为几种，比如企业直接设立的大客户部、行业客户部或企业直接成立的销售公司及其分支机构等。此外，还包括电话销售、直接邮购、公司网上销售等。分销则可以进一步细分为代理和经销两类。代理商和经销商均可能选择密集型分销、选择性分销和独家分销等方式。

三、民航分销渠道特点

① 分销渠道长度结构特点：短渠道较为有利。

由于航空运输产品的无形性，其交易并不伴随所有权转移，往往体现在票务交易上，因此通过零级渠道（直销）、一级代理，最多两级代理的短渠道比较适宜。

② 分销渠道的宽度结构特点：选择性分销有利。

选择性分销可以更好地实现航空公司的销售目标，一方面可以通过考验中间商代理人的资质进行监控管理，另一方面也可以满足分散的市场需求。

③ 分销渠道的广度结构特点：直接渠道和间接渠道兼有的组合渠道。

由于顾客群的广泛性、潜在性、不确定性等特点，使得该行业销售渠道呈现多样并存。

特别提示 7-2

很多航线开通初期，特别是国际航线，机票并没在传统售票系统和直销电商公开售票，旅客只能通过旅行社或其他代理商购买和咨询。航班定期执行之后，随着频率提高和稳定性增强，航空公司会通过营业部、网络、电话呼叫等直销方式销售。

第二节
航空公司分销渠道设计与管理

一、影响分销渠道设计的因素

有效的渠道设计，应该以确定企业所要达到的市场为起点。从原则上讲，目标市场的选择并不是渠道设计的问题。然而，事实上，市场选择与渠道选择是相互依存的。有利的市场加上有利的渠道，才可能使企业获得利润。渠道设计问题的重点是确定到达目标市场的最佳途径，而影响渠道设计的主要因素有以下几点。

1. 顾客特性

由于各国文化、习俗的差异以及消费者地理分布、数量、购买模式、购买偏好的不同，企业在销售渠道的选择上应考虑各国消费者的不同特点。

2. 产品特性

航空公司通过自有的网站、APP、营业网点、呼叫中心等直接销售给消费者，简称航空公司 B2C（直销）。由于运输服务是通过票务交付给消费者的，所以直销在民航运输产业有非常大的优势。

3. 中间商特性

设计渠道时，还必须考虑执行不同任务的市场营销中间机构的优缺点。一般来讲，中间商在执行产品运输、广告宣传、储存及接纳顾客等职能方面，以及在信用条件、退货特权、人员训练和送货频率方面，都有不同的特点和要求。

4. 竞争特性

一般来说，企业要尽量避免和竞争对手采用同样的分销渠道。

5. 政府所规定的法律限制

企业在选择分销渠道时，应考虑各国有关渠道安排的法律限制。2007 年我国货运航空服务反垄断民事案件直到 2016 年 2 月 6 日才与美国航空货运反垄断案原告签署和解协议。反垄断法、专卖制度、进出口规定、税法等都会影响企业对分销渠道的选择。

6. 企业自身的特点

企业在选择分销渠道时，也要结合企业自身的情况，如企业规模、财力资源、产品组合、原有渠道经验以及整体市场经营战略等。

二、分销渠道设计程序

分销渠道设计是对渠道结构进行评估选择，从而对销售渠道改进或加以创新，使之更好地适应企业发展需要，实现销售目标的过程。如图 7-2 所示。

图 7-2 分销渠道设计程序

第一步是分析消费者的服务需求：如等候时间、出行距离、购买批量、选择范围和售后服务。

第二步是确立分销渠道目标：要考虑五大因素，企业因素、产品因素、竞争者因素、中间商因素、营销环境因素。明确分销渠道目标的选择：较大利润性、购买便利性、成员支持度和售后服务。

第三步是设计可选择的渠道方案：确定分销渠道目标之后，就要考虑设计、选择哪些渠道最有可能实现这一目标。

第四步是对方案进行评估与选择：参照的标准有经济性标准、控制性标准和适应性标准。

三、分销渠道的管理与控制

分销渠道的管理与控制有两个重要的方面：一方面，对渠道策略能否在实施过程中得到有效贯彻进行监督和调控；另一方面，对各渠道参与者可能从事的投机行为进行监控。这两个方面互相补充。必要的时候还需解决渠道冲突，调整营销渠道。

特别提示 7-3

多渠道营销系统容易产生冲突，企业可以从以下两个方面减少渠道冲突。

第一，维护价格体系的严肃性。航空公司自己严守价格政策，严格要求代理商，需要特别维护的渠道尽可使用暗返利和模糊奖励。

第二，检讨考核指标和激励措施。对分销商的考核不是越高越好，对其下达不可能完成的任务，势必会导致市场混乱现象。因此，多用过程返利，少用销量返利。

第三节　电子客票与电子商务

一、电子客票在民航运输行业的广泛应用

电子客票（ET）也称电子机票，是纸质机票的电子形式。它将纸质机票的票面信息以电子票联的方式存储在订座系统的电子客票数据库中，同样可以执行出票、退票、改签等操作，由于其使用和纸质机票没有差别，不仅给旅客带来了便利，同时也降低了航空公司的运营成本。电子客票系统是电子商务在航空运输行业的应用。

1. 电子客票的优点

① 方便　不受时间地点的限制，只需网络和电子设备就可以实现。

② 快捷　无需物流配送，减少中间环节，对旅客和航空公司或者中间商来讲都是一种省时省力、方便快捷、降低成本的操作。

③ 安全　旅客只需提前一小时办理值机手续即可。无需担心纸质机票的遗失等问题。

④ 趋势　顺应了信息化时代的市场潮流，是航空旅行电子商务化的重要标准之一。

⑤ 环保　无纸化、电子化的订票、结账、办理登机手续全程相对环保。

2. 电子客票使用流程

① 登录网站，查询航班航线；

② 预订机票，准确填写信息；
③ 确认订单，在线支付票款；
④ 订单核实，保留电子票号；
⑤ 机场值机，可换取行程单。

 特别提示 7-4

南方航空公司 11 月 27 日发布通告，为推行无纸化登机，公司计划于 2019 年 1 月 1 日起，在南航实际承运的国内航班上，推行 100% 预选座位服务。截至 2018 年 6 月底，在我国 32 家千万级机场中，广州、深圳、西安、重庆、长沙、郑州、海口、哈尔滨、大连、南宁、福州、呼和浩特 12 家千万级机场已全面实现旅客值机、安检、登机全流程电子化！

二、电子商务给航空公司带来的机遇和挑战

1. 电子商务带来的机遇

① 有效降低成本　航空公司可以减少交通、人员的支出，可以降低操作成本。

② 实现广泛分销　航空公司不仅可以直接与大量的、广泛的终端客户互动，还可以与中间商互动，拓宽了分销渠道。

③ 满足顾客需求　利用电子商务，顾客不仅购买机票方便，往往还可以链接其他相关服务，选择性更强。

④ 售后服务及时　通过电子商务，可以更快更准确地得到顾客的反馈信息，还可以在相关平台推广、宣传，一举多得。

⑤ 形式丰富多样　目前线上的交易和服务逐渐占主导地位，这得益于网络的发达、线上平台的多样性、元搜索等技术服务不断提高。比如：公司网站、第三方网络平台、移动端 APP、微信、Facebook、QQ 等社交软件、OTA 形式多样。

2. 电子商务带来的挑战

(1) 消费者面临更多更广的选择

比如"去哪儿"网络平台虽然被携程并购，还曾被航企封杀，但是垂直搜索引擎、精准营销给顾客带来的方便，价格的直接刺激和吸引仍然会继续冲击传统的售票方式，航企面临的是进一步的渠道变革。

(2) 竞争更加激烈

电子商务带来快捷方便的同时，也增加了有形展示的线索，使得销售和服务更加透明，不仅现有客户的忠诚度可能会被竞争对手影响，很多潜在客户、观望态度的客户也会更快速度地受网络推广的影响，从而引起竞争的加剧。

(3) 服务形式和质量要求更高

通过网络完成交易的同时，顾客对无形的产品有更多的担忧，如果产品和服务都

循于无形，则会失去顾客的信任。对于企业来讲知名度和美誉度都是其品牌塑造的重要目标。

特别提示 7-5

2014 年，中国机票预订市场总交易额约为 3912.3 亿元，较 2013 年 3622.5 亿元同比增长 8%，其中在线市场规模达 2316.6 亿元，较 2013 年 1544.6 亿元同比增长近 50%，在线渗透率达到了 59.2%，较 2013 年 42.6% 增长达 17 个百分点，两年间，机票预订在线渠道成功逆袭线下。

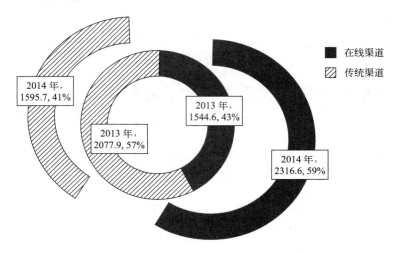

2013—2014 中国机票预订市场总交易额（亿元）及在线渗透率
（数据来源于劲旅咨询，www.ctcnn.com）

知识拓展：客票销售渠道（一）

第四节
民航客票的分销渠道

航空运输国际化和联盟化的发展，迫使航空公司站在一体化网络和全球性旅客的角度来考虑其销售策略。随着民航电子客票的使用和互联网的普及，同时为了降低对民航客票销售代理业的过分依赖，航空公司正在优化着自己的销售渠道，形成多元化的销售渠道。

一、民航售票处销售渠道

民航售票处销售渠道是指由航空公司或者其授权的销售代理人在固定的对公众开放的营业场所从事客票销售的方式。民航售票处销售渠道是一种最传统的模式，中国民航刚刚成立时就在机场所在城市的市区开设民航售票处，这在当时是唯一的机票销售渠道。

时至今日，民航售票处渠道虽然略显"过时"，但其凭借固有的优势依然是不可或缺的销售方式。售票处的最大特点是可以为旅客提供"面对面"的服务，这是其他销售渠道所不具备的。"面对面"服务会留给旅客全方位的服务体验，有助于提高销售方对旅客的黏性，吸引其再次来购票。售票处同时也是航空公司和机票销售代理人展示自身形象和实力的最佳窗口，对其整体形象的提升有重要的促进作用。因此，售票处销售渠道无法被完全取代。

二、民航呼叫中心销售渠道

民航呼叫中心销售渠道是指在一个相对集中的场所，由一批民航客票销售人员利用计算机通信技术进行客票销售的方式。呼叫中心是目前机票销售领域中重要的渠道之一。民航呼叫中心销售渠道最初形成于航空公司的电话客服中心，随着 20 世纪 90 年代固定电话和 21 世纪移动电话的普及，航空公司纷纷推出了电话服务平台，用于为旅客提供各种信息和业务办理服务。目前，民航呼叫中心被航空公司赋予更多职能，除了机票销售外，客票退改签、新产品促销、常旅客服务等更加全面的功能也都已实现。

三、互联网销售渠道

互联网销售渠道是指以互联网络为基础，利用数字化的信息和网络媒体的交互性来满足旅客需求的一种民航客票销售方式。互联网销售渠道是民航机票电子化后的必然产物。从纸质客票到电子客票，从计算机订座系统到全球分销系统，从机票销售总代理到机票竞价平台，这都是信息技术带给机票销售领域的变化。目前，利用互联网技术形成了一系列航空客票销售模式。

1. 直销模式

直销是指航空公司利用本公司的营业员直接向最终旅客进行销售的一种经营销售方式。随着互联网的发展，旅客可以在网络轻松完成预订、支付、出票等环节，而且极大地降低了航空公司的销售成本。各大航空公司广泛认识到直销对其可持续发展的意义，纷纷加大在互联网销售渠道的投资力度，通过升级改造硬件、增加广告投放、整合组织机构、加大促销力度等方式不断提升直销在销售总量中的份额。现如今，航空公司机票销售中的直销比例首次超过机票代理的分销比例，直销比例在今后一段时间还将继续增加。

2. 在线旅行社分销模式

在线旅行社是指最终旅客通过网络向旅游服务提供商预订旅游产品或服务,并通过网上支付或者线下付费,即各旅游主体可以通过网络进行产品营销或产品销售。携程是定位于旅游业的电子商务公司,历经十多年的不断实践和探索最终发现通过保证信息在全国各地的酒店、航空公司和旅客之间顺畅地流通,完成全国范围内的酒店和机票产品预订来获取代理销售佣金的商业模式。如今的携程扮演着航空公司和酒店分销商的角色,它建立了庞大的酒店及机票产品供需方数据库,它能做到一方面掌控全国范围内上千万的会员,另一方面向酒店和航空公司获取更低的折扣,自己则从中获取佣金。

3. 竞价平台模式

竞价平台是指综合运用各种网络信息技术,为采购商和供应商双方提供自主自助参与的平台。票盟通过全国的经销网络,整合航空公司最具竞争性的销售奖励政策,建立机票资源共享的政策联盟,集合机票供应商资源,为分销商提供在线机票净价交易与结算平台。现在国内主流竞价平台大概有十多家,各个平台的产品和营销模式都很相近。首先,吸引全国各地区大型代理企业上线作为供应商,由供应商提供查询订座配置接口,并且提供销售代理费政策。其次,广泛吸引全国代理企业,以及为数更多的上线采购商。最后,平台通过支付宝等在线支付工具,完成供应商和采购商的结算、出票的过程。

4. 垂直搜索引擎模式

垂直搜索引擎是指针对某一个行业的专业搜索引擎,是搜索引擎的细分和延伸,是对网页库中的某类专门的信息进行一次整合,定向分字段抽取出需要的数据进行处理后再以某种形式返回给用户。去哪儿网就是机票销售领域知名的垂直搜索引擎,旅客进入其界面,输入出发和到达城市、出行时间,进行有针对性的搜索,系统就会按照旅客的自定义排序,将相关搜索结果进行呈现。旅客选择好符合自己需求的机票后,通过网页跳转,进入机票真实销售商的网站,完成购票操作。

四、移动互联网销售模式

移动互联网销售模式是指基于手机、平板电脑等移动通信终端,利用互联网技术基础和无线通信技术来满足旅客需求的过程,通过在线活动创造、宣传、传递客户价值,并且对客户关系进行移动系统管理,以达到营销目的的新型销售模式。机票销售现在的主流是互联网销售渠道,未来的主流是移动互联网销售。机票同酒店等综合旅游类其他细分市场产品相比,是业内公认最容易被标准化的产品。随着众多航空机票销售应用软件的上线,移动终端给机票销售线上交易模式提供了全新的承接载体。随着移动互联网技术的日益完善,用户通过智能手机购买机票将成为未来的主流。

知识拓展：客票销售渠道（二）

微课

典型案例

中航协将取消销售代理资质认可　推进销售代理管理模式改革

民航资源网 2019 年 1 月 23 日消息：近年来国内的航空销售代理市场已呈饱和状态并发展相对成熟。目前全国航空运输销售代理企业共 8003 家：客运代理企业 4378 家，货运代理企业 3625 家。60%的客票和 95%以上的货物都是通过销售代理渠道实现的。各个航空公司大多数都有稳定和相对固定的分销渠道和代理商，同时各家航空公司机票直销比例逐年上升，并且对销售代理的管控手段越来越完善，旅客的购票需求已不再是难题，旅客已经转变为对服务有更高的要求，现在的代理商更多的是担当航空公司的补充来满足不同的消费需求。因此相应的管理模式也可以向销售代理商的自律转变。

记者近期从中国航空运输协会（以下简称"中航协"）航空运输销售代理分会（以下简称"销代分会"）第三届会员代表大会获悉，为积极贯彻国家深化"放管服"的改革要求，优化代理行业发展环境，充分发挥市场机制作用，突出代理行业组织的主体责任和自律功能，中航协理事会把转变销售代理市场的管理方式作为一个重点，从资质认可和监督检查为主转变到主要依靠和发挥市场主体作用，加强事中事后监管和信用体系建设，加强会员自律的改革目标。

据了解，中航协在取消航空运输销售代理资质认可后，销售代理企业将可根据市场需求和自身经营情况和业务能力，与航空公司建立客货销售代理关系。中航协在参考航空公司与销售代理人的相关原有协议基础上，即将发布《中国航空客运销售代理人业务规范》和《中国航空货运销售代理人业务规范》，这两个规范规定了航空运输销售代理的基本条件、业务内容、安全职责、行为准则、禁止要求和违约责任，供申请企业自我评估和航空公司选择代理人时采用。此外为促进航空公司和销售代理企业的相互了解和合作，同时促进销售代理企业改进服务，方便旅客更好了解和选择服务商，中航协将通过建立并管理信息平台，对已与航空公司签约的销售代理企业开展服务。航空公司统一将与其签订代理协议的企业名录发布到平台并随时更新，用以方便了解代理行业情况和选择代理企业；同时中航协将通过汇总各航空公司、民航局、公安机关及相关管理部门所收集的信息，通过信息平台发布销售代理人经营异常和违规信息，并及时转载销售代理企业在工商部门网站提交的年报公示信息，有效反映代理人的经营和业务状况。

据悉，该改革方案将在征求航空公司和销代企业意见进行不断完善后，再上报民航局。有关决定自航协正式发布之日执行。

（改编自：《中航协将取消销售代理资质认可 推进销售代理管理模式改革》，作者：丁一璠）

分析思考

1. 中航协将取消销售代理资质认可，是否意味着将取消票代资质？
2. 谈一下你对航空公司和销代企业之间关系的理解。

 实训任务

分析航空公司分销渠道策略

【任务目的】

通过项目模拟，要求学生：

① 理解和掌握各种渠道策略的优缺点；

② 培养学生的渠道设计与调整能力；

③ 浸润学生守价值底线的精神。

【任务内容】

航空公司在通过民航售票处、民航呼叫中心、互联网销售渠道、移动互联网销售渠道进行机票的销售，不同的渠道有什么特点及价值。

实训活动小组讨论，形成最佳方案后在全班展示交流。

【任务组织】

本项实训活动组织以线下为例，也可以调整为线上调查。分如下两个阶段进行：

1. 小组研讨

① 由教师担任项目总指导，并进行团队的组建，建议 5 人为一组。

② 每个小组通过角色扮演法进行情景推演。组长扮演航空公司方，另外 4 人分别扮演民航售票处、民航呼叫中心、互联网销售渠道方、移动互联网销售渠道方，针对不同渠道的特点，展开谈判。

③ 形成本团队的最终方案。

2. 研讨阶段

① 由教师担任研讨活动总指导。

② 每一组就最终的方案进行汇报，并将角色扮演的关键环节进行情景再现。

③ 教师对团队的方案进行点评。

【任务报告】

学生完成实训任务后应填写实训任务报告，报告主要内容如下：实训目的、实训内容、本人承担的实训任务及完成情况、实训小结。

【任务评估】

姓名学号				班级		任务得分	
一级指标	二级指标	评价内容	考核占比	评价主体		增值评价	增值赋分
职业素养	服务意识 成本意识 合作意识	小组协作完成情况 是否以消费者为中心的服务意识来认知民航客票销售渠道 是否具备成本控制意识来进行客票销售相关活动	20%	校内教师 10%		上一任务分值/本次任务分值	下降 5 分以下 -2/ 下降 3 分以下 -1
				企业教师 5%			不变 +0
				组内、组间学生 5%			上浮 3 分以上 +1/ 上浮 5 分以上 +2
职业素养分值							
任务知识点	学习方法 语言表达 书面表达	对于任务讨论分析情况 角色扮演中，对客票销售各渠道的特点的认识，各渠道的价值的认知	35%	校内教师 15%		上一任务分值/本次任务分值	下降 5 分以下 -2/ 下降 3 分以下 -1
				企业教师 10%			不变 +0
				组内、组间学生 10%			上浮 3 分以上 +1/ 上浮 5 分以上 +2
任务知识点分值							
任务技能点	实践操作能力 创新能力 自我调控	针对航空企业分销渠道策略分析、总结、汇报展示的情况 可用数据的判断分析能力 根据问题提出解决思路的能力	45%	校内教师 20%		上一任务分值/本次任务分值	下降 5 分以下 -2/ 下降 3 分以下 -1
				企业教师 15%			不变 +0
				组内、组间学生 10%			上浮 3 分以上 +1/ 上浮 5 分以上 +2
任务技能点分值							

项目八

航空公司促销策略

科技为企业提供动力,促销则为企业插上了翅膀。

——沃森(T. J. Watson)(IBM 公司创始人)

[教学目的和要求]

知识目标:了解促销的基本概念和实质;

熟知每种促销方式的运作和通用手段。

技能目标:能够运用人员推销的促销方式;

能够运用广告促销方式;

能够运用公共关系促销方式;

能够运用营业推广的促销方式。

素质目标:具备服务意识,以消费者为中心进行产品促销;

具备成本意识,节约人力物力。

[教学重点和难点]

重点:公共关系、广告和营业推广等促销方式的具体操作;

难点:结合实际进行促销组合策划。

[关键词]

促销(Sales Promotion);

促销组合(Sales Promotion Composition);

人员推销(Personal Selling);

广告(Advertising);

公共关系(Public Relations);

营业推广(Sales Promotion)。

法航新版全球电视广告宣传片《飞翔》首次中国发布

2011年9月15日法航新版全球电视广告宣传片首次在中国发布。宣传片名为《飞翔》（L'envol），舞蹈由法国著名编舞安奇林·普罗佐凯奇（Angelin Preljocaj）先生设计，非常别致，其灵感来自他的芭蕾舞剧《公园》（Le Parc）。法航通过与法国灵智广告公司（BETC Euro RSCG）合作，诠释了一个充满了激情与情感的、全新的法国艺术肖像。广告片在镜面上拍摄而成，衬托出天空与芭蕾舞演员之间的和谐。

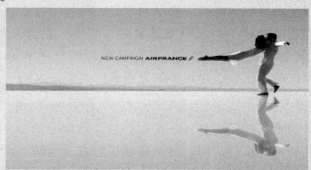

广告片体现了法航的品牌承诺——"晴空万里 创写意天地"，彰显法国文化的正面价值观，使得法航的细致、优雅及优质的生活艺术得以完美的体现。芭蕾舞表达了众所周知的法航卓越的文化底蕴和严谨性。以情感诉求式的世界通用语言，邀请了所有人参与体验之旅。

这部广告片生动描述了法航的视觉之旅"晴空万里 创写意天地"，象征着法航与其客户之间的联系。广告片首次在中国发布，更加体现了中国市场对法航的重要性，以及法航对中国市场的重视。广告在法航航线所覆盖的北京、上海及广州的当地电视台黄金时段播出。广告片《飞翔》拍摄地点是在瓦尔扎扎特附近的摩洛哥沙漠，形式简洁，无特殊效果。在一个面积为4300平方英尺的镜子上，反射出真实的天空和舞蹈者。伴随着舞蹈的是莫扎特第二十三钢琴协奏曲柔板。

此外，作为对电视广告的补充，法航同步推出两版新平面广告。其一是由七张图片组成，从服务、客舱空间、餐饮和睡眠质量等角度，体现法航细致入微的服务。其二是通过飞机形状的盒子中盛有不同的旅行及计划出行的必备用品，体现搭乘法航体验快乐之旅。

（改编自搜狐网）

> 市场营销不仅要求企业要有过硬的产品和良好的服务，制定吸引人的价格，以适当的渠道满足目标顾客的需要，还应该采取有效的方式来促进产品的销售，进而从品牌整体营销策略上进行革新，以赢得消费者的青睐。

第一节 促销组合策略

一、促销的概念及形式

1. 促销的概念

促销是指企业短期的宣传行为,目的是鼓励购买的积极性,或宣传一件产品、提供一种服务。它通过向消费者传递有关产品的信息,帮助消费者认识商品所能带来的利益,从而引起消费者的兴趣,激发消费者的购买欲望,促进消费者产生购买行为。民航运输市场的促销是指通过人员和非人员的途径,把产品和服务信息传递给消费者,帮助消费者认识民航产品、引起兴趣,进而采取购买行为的一系列活动。

2. 促销组合的概念

促销组合也称之为营销沟通组合。是指在促销活动中,把公共关系、广告、营业推广和人员推销等几种形式综合运用,来与顾客进行有效的信息沟通,以达成企业的营销目标。促销组合就是根据不同的需求进行不同的组合变化。企业在进行市场营销活动时,往往有目的地、有计划地把促销方式调配起来综合运用,形成一个促销组合策略。

3. 促销的方式及特点

促销作为企业与市场联系的主要手段,包括多种活动,主要有广告、人员推销、营业推广、公共关系等几种方式。其中,只有人员推销是通过销售人员直接向消费者传播信息,属于直接促销,而其他几种促销方式是通过一定的媒体传播信息,是间接促销。如表 8-1 所示。

表 8-1 促销方式及特点比较分析

促销方式		特点
广告	告知、公众性、渗透性、表现性	广告对树立企业的长期形象有利
人员推销	直接、沟通	人员推销是双向沟通
营业推广	吸引、刺激、短期性	营业推广与日常营业活动紧密结合,在促销活动中最具创造力
公共关系	可信度高、传达力强、戏剧性	公共关系是一种软广告,往往能起到事半功倍的效果

二、影响促销组合决策的因素

企业在决定采取一种或几种促销方式时,必须考虑的因素包括以下几点。

1. 产品性质

不同种类和性质的产品,消费者不同,对产品的要求不同,所以重点采取的促销方式也不同。如民航公司多采用营业推广和公共关系,而日常消费品多采用的是广告和人员推销,营业推广较少。

2. 促销目标

确定最佳促销组合,前提是需要考虑促销目标。相同的促销工具用于不同的促销目标,其成本效益亦会有所不同。

3. 产品生命周期

在产品生命周期的不同阶段,促销支出的效果也有所不同。这在前面章节有所提及,在产品生命周期的引入期和成熟期,促销是十分重要的市场营销利器。

4. 目标市场的特点

目标市场的特点不同,应采用不同的促销组合。从航空运输市场的顾客数量及市场的集中程度来看,大部分产品销售市场的范围广阔,分散于全国各地,不同类型的潜在顾客数量很多,就应以广告宣传为主,大量采用人员推销则无法适应广泛的市场需求。如果特定产品的目标市场相对集中,不同类型的潜在顾客数量不多,人员推销的作用就会得到充分发挥,而且广告费用也花费较少。

5. 促销预算

在考虑促销组合时,航空公司必须从自身财务实力出发,根据企业能有多少费用用于促销活动来决定主要采取哪种促销方式。

6. 促销管理水平

由于各个航空公司管理水平不同,所采用的促销组合形式也有所不同。有的企业擅长人员管理,并能通过其特有的人员管理形式形成一种促销形式。有的品牌更注重产品的市场占有率、品牌的知名度,选择通过广告等进行品牌推广。

7. 分销渠道的类型

不同的分销渠道采用不同的促销方式。渠道的不同,航空公司对于促销过程及结果的控制就有所不同。

8. 市场营销组合策略

航空公司的促销策略不同,所运用的主要促销方式也不同,按照动作的方向分为"拉引"策略和"推动"策略。实行"拉引"策略,主要以广告宣传为主,引起消费者的购买热情。实行"推动"策略,主要使用人员推销和营业推广等方式将产品和服务推销给消费者。

总之,任何促销方式的运用都是有条件的,航空公司必须根据自己的需要来选择适当的促销组合,适应不同的经营目标和市场营销环境。

第二节 广告策略

一、广告的定义和功能

1. 广告的定义

广告（Advertising）一词源于拉丁语，有"注意""诱导""大喊大叫""广而告之"的意思。在市场营销学中，广告是指广告主以促进销售为目的，付出一定的费用，通过特定的媒体传播商品或服务等有关经济信息的大众传播活动。因此，广告是促销组合中应用最广泛的一种方法，也是民航企业使用最多的方法。

2. 广告的功能

广告不仅是一门学科，也是一个发达的行业，广告是由明确的发起者以公开支付费用的做法，以非人员的任何形式，对产品、服务或某项行动的意见和想法等的介绍。它已成为相当重要的经济和社会力量，在社会经济中，具有极其显著的功能。

① 传播产品信息，提高消费者对运输产品的认知程度；
② 突出产品特点，引导消费，刺激需求；
③ 有助于提高运输产品信息的生动性，使信息易被感知，增强说服力；
④ 树立企业形象。

二、广告媒体的特点

航空公司根据不同的营销目标、不同的产品，在广告上的投入也不一样，选择的广告媒体也会不同。表 8-2 列有不同广告媒体的特点。

表 8-2 不同广告媒体的特点

广告媒体	优越性	局限性
报纸	①宣称面广，读者众多 ②传播迅速 ③简便灵活，制作简便 ④便于剪贴存查 ⑤费用低廉 ⑥可借助报纸本身的威信	①广告接触时间较短 ②登载内容较多，分散对广告的注意力 ③单调呆板，不够精美
杂志	①专业性强，针对性强 ②发行量大，宣传面广 ③可以反复阅读，反复接触 ④专业杂志读者的文化层次较高，易于接受开拓性广告 ⑤印刷精美，引人注意	①发行周期长，广告时效性差 ②篇幅小，广告受限制 ③专业性强的杂志接触面窄

续表

广告媒体	优越性	局限性
电视	①形象生动逼真,感染力强 ②收视率高,深入千家万户 ③表现手法多样,艺术性强 ④可重复播放	①播放时间短,广告印象不深 ②播放节目多,容易分散对广告的注意力 ③编导制作复杂,费用较大
广播	①制作简便传播快 ②覆盖面广 ③通俗易懂 ④灵活多样,生动活泼	①有声无形,印象不深 ②转瞬即逝,难以记忆和存查 ③广告的注意力不够集中
户外广告	①主题明确 ②视觉效果好 ③发布时间长	①受众选择性差 ②权威性差
网络广告	①成本较低 ②信息量大、视觉效果多元 ③传播速度快 ④受众广泛,不受地域限制	①注意力容易被分散 ②可选择性较多,造成竞争也激烈

三、广告的运作

1. 设定明确的广告目标

广告的目标可以分为告知性广告、劝说性广告和提醒性广告。告知性广告一般是航空公司在推出新产品和服务等相关信息时采用的，劝说性广告是鼓动刺激消费者购买其民航产品的，提醒性广告是保证航空公司不被消费者遗忘所采用的。

2. 制作清晰的广告预算

确定广告目标之后，企业就要为每个产品定制广告预算。很多企业建立了精密的统计模型来确定促销费用，这必须在更多定量分析下，并且辅以大量精确的判断。

3. 思路正确的广告设计

广告最终的受众是广大消费者，因此在进行整体广告策划运作的过程中，需要考虑到广告的差异化，并以此提升航空公司的竞争力，但最重要的还是从消费者的角度出发，通过与消费者的广告互动形成消费者对产品的购买行为。具体的思路如图8-1所示。

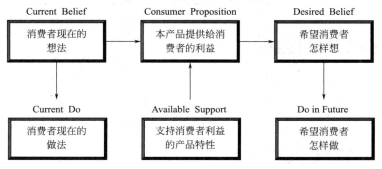

图 8-1　广告设计思路

4. 选择恰当的广告媒体

当今社会供企业选择的广告媒体很多，每种媒体又各有利弊，企业在选择广告媒体时，要以以最低的代价达到最高的效果为原则。具体来说，在进行媒体选择时应考虑以下几个因素。

① 广告媒体的覆盖面和影响力要符合广告的传播范围。

② 广告媒体的特点要适应目标顾客接受广告媒体的习性。

③ 广告媒体形式要与产品的种类和特点相一致。

④ 处理好广告媒体费用与广告预算成本的关系，提高广告的经济效益。

5. 确定精准的推出时间

广告推出时间的确定，对整个广告的运作成功与否起着至关重要的作用。一般来说，确定广告推出时间需要充分考虑目标市场的特点，广告的受众是否会产生兴趣；还要考虑到企业的经济实力，确定最佳广告推出时间和媒体选择组合。

6. 测定评估广告效果

广告的有效计划与控制也是广告运作的重要组成部分，主要基于广告效果的测定。测定广告效果所需要的研究技术随着企业想要达到的目的不同而有所差异，一般分为两类。

（1）沟通效果的研究

沟通效果的研究，目的在于分析广告活动是否达到预期的信息沟通效果。

（2）销售效果的研究

一般来说，广告的销售效果要比沟通效果难测定。广告的销售效果最容易测定的是邮购广告的销售效果，最难测定的是树立品牌或企业形象的广告销售效果。比如中国南方航空公司在招聘空乘服务人员时以选美比赛的形式在电视媒体上公开选聘，这既是企业的需求也是树立企业形象的广告策略，极大提高了企业知名度，但是很难短时间内测定出该项支出对产品销售结果的影响。

第三节 营业推广策略

一、营业推广的特点

营业推广是指短期的激励活动，目的是鼓励购买，或宣传一件产品、提供一种服务。营业推广是企业有目的有计划地运用各种灵活多变的、富有弹性的促销方法，激励促销对象迅速地采取购买行动或大量购买某一特定商品的技巧和艺术。

二、主要的营业推广方式

民航企业营业推广的形式丰富，包括赠券、现金返还、实物奖品、惠顾回报、特价品、会员制及抽奖等。下面列举几种常用的营业推广方式。

1. 惠顾回报

指企业给经常使用公司产品和服务的消费者现金或其他的奖赏。比如航空公司提供的"常旅客计划"。常旅客计划即如果乘客乘坐某一航空公司的飞机超过一定的里程数，可以享受一次免费旅行。这种方法在航空公司的使用率较高。1981年，美利坚航空公司设立了全世界第一个常旅客计划，并取得了较大的成功。常旅客计划已经成为航空公司市场营销的核心。这种形式在国内航空公司中也经常被使用。中国国际航空公司的"国航知音"全面更新常旅客规则，在两舱累积率、兑换奖励机票及贵宾升级标准等方面都将给会员更多的优惠，让会员越飞越惠飞。

2. 折扣或者现金返还

当消费者购买指定产品和服务时，在购买后得到一定的价格折让。比如深圳航空公司推出的"双程优游"促销活动，凡购买深圳航空公司议定折扣区间内的往返程国内机票，可在各航线市场价格基础上，比当时开放销售的经济舱单程价优惠8％，如果在线支付成功并选择机场取票（即选择电子客票）可以优惠10％（8％与10％均指该航线经济舱全价票的8％与10％）。

3. 特价品

企业促销时强调优惠价格及对应产品，包括优惠的幅度、优惠后的产品及服务如何，可以是定时的产品特价，也可以把两件相关的产品捆绑出售。比如国内很多航空公司将"机票＋酒店"进行捆绑销售，给予优惠的价格，在一定程度上促进了民航产品的销售。再如，春秋航空推出的上海—济南—上海航班上限量销售的"1元机票"，限网上支付，购完即止。机票并不含燃油费和机场建设费。之所以推出"1元机票"是为庆祝春秋航空11月30日首航济南，同时回报广大旅客对春秋低成本廉价航空的支持。

4. 实物奖品

企业为了刺激消费者的购买欲望，以很低的价格或者直接免费地供应某些产品来吸引消费者。例如，2005年7月26日曼联在北京工人体育场和北京现代队进行一场商业赛。马来西亚航空公司借机推出"机票换门票"活动，凡在北京购买马来西亚航空公司从北京出发的商务舱往返机票前往中东、印度、澳洲、欧洲、南非和南北美洲，即可免费换取曼联北京挑战赛门票两张。

第四节 公共关系策略

一、公共关系概念

公共关系是通过宣传与有关公众建立良好关系，树立良好的公司形象，处理不利的谣言、传闻和事件。公共关系运用到航空公司市场营销活动中，是一种行之有效的促销手段。它是企业内求团结，外求协调，建立企业良好关系、宣传企业文化、形成企业品牌价值、实现企业营销目标的一种管理艺术。

公共关系属于一种长效促销方式，是一个有力的品牌建设工具。企业在进行公共关系营销时能够建立企业良好的形象，提高企业的品牌知名度，对公众的认知产生强烈的影响。虽然公共关系管理对企业的经济效益不能立竿见影，但是从企业品牌建设以及企业形象的长远角度来看，意义和作用至关重要。

二、公共关系工具

1. 新闻

航空公司营销人员通过找出与其产品和人员相关的有利新闻进行宣传，也可以通过一些事件来制造新闻，扩大知名度，引起关注。例如"康佳号"民航客机事件，在2003年度"中国十大公关事件"评选组委会公布在各大门户网站进行的网上票选结果中，"康佳号"民航客机事件力压群雄，荣登榜首。由康佳冠名的深圳航空公司的这架波音飞机，是国内由企业冠名的第一架飞机，成功地吸引了业界关注。

2. 特殊事件

找出或者制造出特殊事件是公共关系中另一种使用较为普遍的工具，其内容包括名人效应、新闻巡回展、记者招待会、隆重的开幕典礼、募捐慈善等活动，这些都能引起消费者的浓厚兴趣，创造良好的品牌形象。2013年4月20日，四川雅安市芦山县发生地震，多家航空公司准备空运救援人员前往震区，中国国际航空公司、中国南方航空公司在地震发生后在机场随时待命，同时紧急统筹客机的运力，随时做好准备来运送救援官兵，航空公司的这种做法在公众心目中建立了良好的企业形象。

3. 形象识别与移动营销

这是给消费者带来品牌信息的促销旅行，几乎每个公司都希望把自己的公开展示形成流动性，延长、增加消费者的认知，航空公司由于行业的规定，本身就要求在飞机上必须带有航空公司的名称和标识（图8-2），包括在空中乘务员的着装上也要有公司的标志。

飞机机身冠名权和广告使用权是1998年世界杯足球赛引发的创意，法国世界杯组委会请法国航空公司选择了16架大型飞机，在飞机的两侧喷涂上32个参赛国的著名球星的巨幅画像，随着法航不同航向的班机，飞向世界各个国家、地区，成为机身广告的开创者。此后，国内外多家航空公司都效仿此法。这不仅能够给航空公司带来巨大效益，而且能够为航空公司企业形象和知名度的提升带来极大的促进。

4. 网络平台

公司官网等更多的网络平台也可以成为很好的公共关系工具，顾客和其他公众都

图 8-2 航空公司的标识

可以访问网站得到信息,这样的网站有可能非常受欢迎。处理特殊事件,网站也是个理想的选择。在处理公共危机时,通过网络能够第一时间告知消费者真实的信息。另外微信平台、公众号、APP 等多种渠道增加了信息推送的方式,同时也加强了企业与消费者的黏合度。

正如其他促销手段,在考虑何时采用和操作公共关系时,企业营销部门应该制订公共关系目标,选择合适的公共关系信息和工具,实施公共关系计划并评估结果。

第五节 人员推销策略

一、人员推销的概念及特点

1. 人员推销的概念

人员推销是指营销人员直接面对面地与顾客沟通,向顾客销售产品并与顾客建立关系。从事销售工作的人常有各式各样的名称:推销员、客户开发代表、销售代表、销售顾问、客户经理、销售工程师、代理人等。

民航运输产业产品的特殊性决定了人员推销不是航空公司主要的促销手段。但是,航空公司在提供产品的同时,也在某种程度上通过航空服务人员推销产品。

2. 航空公司人员推销的特点

民航运输市场有一部分特定的人员促销环节,就是在酒店、宾馆设点提供机票代售服务,或者由航空公司设立的呼叫中心、专门针对 VIP 客户的服务人员等。除此以外,航空公司主要的促销人员就是航空服务人员本身了,包括机长、技师等,更多的是在旅客乘机过程中提供各类服务的空乘人员、地勤服务人员等。

每一个提供产品服务的人员，实际上都通过他提供的服务质量、言谈举止构成了产品的促销链，因此，无论从运输业还是从服务业的角度来看，航空公司的人员促销虽然不是主要的促销方式，但也确实是重要的一个环节。

二、民航推销人员的职责

1. 探寻：寻找潜在市场

要求航企工作人员在服务过程中，能够敏锐找出潜在客户群体，开发企业潜在客户市场，只有在和消费者沟通交流的过程中，只有在与现实市场深入接触的过程中，才能探寻到富含利润的潜在市场。

2. 沟通：与顾客沟通有关信息

航企人员推销的促销形式由于是民航工作人员和客户面对面地沟通交流，因此更加能够理解客户的真实需求，更加能够协调与客户之间的关系。人员推销可满足顾客的特定需要，针对不同类型的顾客，可采取不同的、有针对性的推销手段和策略，这种直接的沟通更流畅、更形象。

3. 销售：恰当地推销产品

民航工作人员能够根据消费者现场的情况，及时捕捉客户的情感变化和心理变化，适时准确地推销民航产品，不仅能够提升民航产品的数量，而且能够在民航产品的质量效果上给予客户有效引导。

4. 服务：相关的服务措施

民航工作人员在进行推销的过程中，能够结合消费者的情况进行及时调整，民航工作人员的服务状态也能对客户产生较大的影响，在民航市场营销理念中"服务营销"理念的建立以及"客户关系管理"观点的形成就是结合了民航业运输产品差异小的特征，因此集中体现在各大航空公司加大在民航服务产品上的质量要求，而人员推销的促销形式正符合民航市场对于产品的要求。

5. 反馈：市场、产品的相关信息

只有和市场接触，才能获知一切信息，而市场本身是不会说话的，只有市场中的人才会说话，因此在民航人员推销过程中，通过推销民航产品和服务才能真正和客户接触，才能深度和客户交流关于自己民航产品和服务的话题内容，才能在这种面对面直接的交流过程中，收集并反馈一切和市场和产品相关的信息。

6. 协调：企业与顾客之间的关系

人员推销过程具有一定的灵活性，推销人员在与客户的沟通交流中，会根据客户的特点、情形调整推销形式和策略，以建立、维护与客户之间的良好关系。客户关系管理不只是民航管理者的任务，实际上服务于民航一线的工作人员才是真正和客户沟通交流的执行者，才能真正建立企业和客户之间的良好关系。

××航空公司"返航门"事件

2008年3月31日，××航空公司××分公司18个航班飞到目的地上空后集体返航，导致上千旅客滞留机场。紧锣密鼓的一系列报道出炉：4月1日，该航空公司宣布航班因"天气原因"返航，并否认外界所说由于薪酬分配的原因。4月2日民航西南地区管理局派出调查组，展开首轮调查。4月3日，罢工飞行员全部返港飞行。4月4日，中国民用航空局封存返航航班资料、目的地机场天气实况及相关飞行数据。中国民用航空局派工作组再次调查。4月5日，该航空公司发布声明：正对该事件调查，如确实因人为原因故意返航将视情形依法依纪严肃处理。4月6日，该航空公司正式派出工作组调查航班不正常原因。4月7日，航空公司首次承认部分航班存在人为因素，两位负责人已被停职。同日，民航局调查结束。4月8日，民航局新闻发言人表示，初步认定××航空公司××分公司确有机组涉嫌人为原因返航。4月17日，中国民用航空局公布调查结果及处罚决定，认定为非技术原因，同时对××航空公司处以150万元罚款，停止部分航线经营权。

受事件影响，该航空公司4月份以来的客座率已经由3月份的72%下降至60%，而去年同期的客座率为75%，被砍掉的该航空公司部分航线则是客座率与收益率双高的黄金旅游航线，初步估算，该航空公司的直接或间接损失在四亿元以上。

返航事件演化成一次公共关系危机，严重损害了该航空公司的社会形象。公共关系急剧恶化，并有滞后效应，给该航空公司带来更多有形、无形、直接、间接、社会效益、经济效益的多重损失。

从上述××航空公司"返航门"事件的危机应对过程可以清晰发现，作为国内著名的航空公司之一，该航空公司的危机管理能力和公关表现与其具有广泛影响力的知名品牌形象相差甚远，可以说是置危机管理中的禁忌于不顾，"返航门"事件堪称2008年度最失败危机管理案例。

鉴于此，该航空公司为了挽回企业形象，重塑消费者信任，采取一系列相应的措施进行公共关系补救，特别是在汶川大地震灾害发生后，该航空公司以超常规的运输组织方式，确保以最快的速度把部队官兵、医疗人员以及物资装备运送到抗震救灾第一线！此外，该航空公司还组织开展"救灾爱心月"活动，通过义拍、义卖、义工、义务献血等多种形式的献爱心活动来挽回企业的品牌形象。随着时间的推移，该航空公司的航空运输也逐步恢复，但是从"返航门"事件的危机善后的复杂程度来看，完全消除返航门事件对该航空公司的负面影响所付出的时间精力要远远大于第一时间的危机处理投入。××航空公司必须加大危机管理力度，重树公众对本航空公司品牌的认同，把重新树立诚信安全的品牌形象作为工作的重点。只有社会公众信心的重新树立才能保证该航空公司未来的发展，才能从根本上化解"返航门"事件危机。

（改编自百度文库）

 知识拓展：航班不正常处理

 分析思考

1. 民航市场的促销组合指的是什么？
2. 公共关系营销对航空公司有什么作用？
3. 讨论××航空公司"返航门"事件后应该如何更好地进行公关危机处理。

 实训任务

评析航空公司的促销组合策略

【任务目的】

通过对某航空公司的促销组合的调查分析，探究促销组合策略运用的主要方法与特点，在评析的基础上，培养学生对促销组合的应用能力，能够在特定条件下进行品牌促销企划。

【任务内容】

1. 资料收集

① 某航空公司运用到的具体促销方式；

② 目标消费者的年龄、收入、职业、文化程度等；

③ 目标消费者对那种促销方式比较感兴趣，原因是什么；

④ 目标消费者对那种促销方式表现冷漠，原因是什么。

2. 促销组合策划的主要方法和特点研讨。

研讨活动先由个人提出初步意见，然后小组讨论，并推举代表全班交流。研讨提纲如下：

① 所调查的航空公司运用到了哪几种促销方式？

② 所运用的促销方式的效果如何？促销组合运用的是否适合设定条件的需求？

③ 所运用的促销方式的成功和不足之处是什么？

3. 撰写分析研究报告

根据上述评析交流的结果，要求每个小组撰写分析研究报告。应包括以下主要内容：

① 所调查的航空公司促销方式的具体运用；

② 所运用的促销方式或促销组合的主要特点；

③ 所运用的促销方式或促销组合的效果评价；

④ 促销组合的成功之处和不足之处；

⑤ 促销组合有无补充和修订。

【任务组织】

本项实训活动组织以线下为例，也可以调整为线上调查。分如下两个阶段进行：

1. 市场调查与分析研究阶段

① 由教师担任项目总指导。

② 由学生开展实地调查和网络调查，在学生中推举6人作为市场项目督导，其余学生分成6组，均担任访问员。

③ 由学生设计问卷。设计工作可以按组分摊提纲，然后汇总成问卷。在题型设计中，大部分可选择封闭性选择题，对"感兴趣和表现冷漠原因"的提问则可采用开放式题型。

④ 调查结果按照规范要求，由教师组织学生处理统计，并把统计结果公布，供学生研究、评析之用。

2. 促销组合策略评析阶段

① 由教师担任活动总指导；

② 全班分为6组，确定组长1人；

③ 每一组就一个航空公司的促销组合开展讨论；

④ 每组推举1~2人进行全班交流发言。

【任务报告】

学生完成实训任务后应填写实训任务报告，报告主要内容如下：实训目的、实训内容、本人承担的实训任务及完成情况、实训小结。

【任务评估】

姓名学号				班级		任务得分	
一级指标	二级指标	评价内容	考核占比	评价主体		增值评价	增值赋分
职业素养	服务意识 成本意识 合作意识	小组协作完成情况 是否以消费者为中心的服务意识来评判促销活动 是否具备成本控制意识来进行促销等相关活动	20%	校内教师10%		上一任务分值/本次任务分值	下降5分以下-2/下降3分以下-1
				企业教师5%			不变+0
				组内、组间学生5%			上浮3分以上+1/上浮5分以上+2
职业素养分值							
任务知识点	学习方法 语言表达 书面表达	航空公司产品促销方式的认知情况 航空公司产品促销特点的认知情况	35%	校内教师15%		上一任务分值/本次任务分值	下降5分以下-2/下降3分以下-1
				企业教师10%			不变+0
				组内、组间学生10%			上浮3分以上+1/上浮5分以上+2
任务知识点分值							
任务技能点	实践操作能力 创新能力 自我调控能力	调研分析航空公司促销组合策略及效果的能力 可用数据的判断分析能力 根据问题提出解决思路的能力	45%	校内教师20%		上一任务分值/本次任务分值	下降5分以下-2/下降3分以下-1
				企业教师15%			不变+0
				组内、组间学生10%			上浮3分以上+1/上浮5分以上+2
任务技能点分值							

项目九

航空公司市场营销组织、执行和控制

[教学目的和要求]

知识目标：掌握市场营销组织的形式；
　　　　　了解市场营销组织的演变过程。
技能目标：掌握年度计划控制内容；
　　　　　掌握年度计划控制方法。
素质目标：感悟严谨科学、团结协作、敬业奉献的民航精神；
　　　　　具备成本意识，节约人力物力。

[教学重点和难点]

重点：市场营销组织的形式、年度计划控制的内容及方法；
难点：如何进行年度计划控制。

[关键词]

市场营销组织（Marketing Organization）；
市场营销审计（Marketing Audit）；
年度计划控制（Annual Control Plan）。

川航从"成渝快巴"到特色航企的发展之路

一、市场背景

1995年成渝高速公路开通之前,川航的成渝航线曾是一条黄金航线,一年的客流量最高达到25.2万人次,平均每天都有六七百人乘机往返两地。然而随着成渝高速公路开辟后,航空客运的优势荡然无存。一来运输时长差异不大,航空运输的全程时间约3个小时,相对于公路运输的4个小时,已无快捷方便的优势;二来价格高昂,机票价格是大巴票价的4倍。成渝航线在公路运输的紧逼下步步退缩。1996年,成渝航线的客流量锐减至4万人次,1997年2.5万人次,1998年0.8万人次,至1999年仅0.4万人次,不得不全线停飞。

二、营销对策

但是面对成渝每天2万多人次的客流量,即使只有5%的旅客选择飞机往来,支线航空的前景也是广阔的。以50座的支线航空飞机来说,1000人次已可使20个航班"吃饱",客座率达100%。

面对如此诱人的前景,四川航空公司2002年重整旗鼓,收复"失地"。首先,四川航空公司进行消费者细分,定位于三类目标市场:追求快捷舒适、对时间敏感的商务及探亲旅客;有紧急重大事情、需尽快在成渝之间往返的旅客;第一次乘坐飞机,花少许钱"过瘾"的旅客。其次,针对目标市场,采取针对性的措施。一方面,打造"空中快巴",每天12次航班,即平均每两个小时一个航班,以高频率吸引旅客;另一方面缩短全程运输时间、降低机票价格、提高服务质量,充分发挥航空运输的优势,同时还让消费者愿意买单。比如:四川航空在国内支线航空线上率先实行"通票制"和"一条龙服务":机票、登机票、机场建设费和机场到市区的大巴费用等全为一张"通票",旅客持机票可以享受专有值机柜台、专有安检通道和专用候机室;在后续航班有座位的情况下,机票可在当日免费签转;乘机手续办理截止时间也缩短到航班起飞前10分钟(普通航班是起飞前30分钟停止办理登机手续);将机场、市区内用航班车与飞机衔接联运,指定专人实行空地无缝隙服务。这样,从重庆市区到成都市区,正常情况下是2小时,同时,机票价格也低至240元,几乎是以前的半价。最后,选用EMB145喷气式飞机,共50个座位,提高产品形象,其速度和舒适度均可与波音737媲美。四川航空公司的上述措施已取得了显著成效。在当年的"十一"黄金周,"空中快巴"每天12个航班,次次座无虚席,客座率超过80%,为其收复"失地"开了个好头。

三、市场趋势分析

但是随着"先锋号"动车组在成渝两地之间正式开行,"成渝空中穿梭快巴"的航班密度再度"缩水",减少到每天仅 2 个航班,且航班时段全部安排在夜间执飞。"成渝空中穿梭快巴"从 2002 年 9 月恢复运营以来发班数量下降至"冰点",面对来自铁路、公路的竞争,已经运营了近 5 年时间的"成渝空中穿梭快巴"再次遭遇到了前所未有的压力。川航如何再次面对市场竞争,夺回其在成渝运输市场上应有的份额?

该公司现有员工 3000 余人,其中具有大专以上文化程度的专业技术及管理人员占 80%以上,建立了完整的销售网络、财务管理系统及经营管理体系。公司总部及第一基地在四川成都双流国际机场,第二基地重庆分公司设在重庆江北国际机场。现有全空中客车机队 107 架,现有航线超过 240 条,其中国际地区航线 30 余条。2015 年全年运输旅客达 2118 万人次;实现安全飞行 27 年。目前,随着机队规模壮大,川航网络化转型也随之加速,转型网络型航企,拓展国际市场。在做强做实做优成、渝、昆三个主基地的基础上,升级北京、三亚、杭州、哈尔滨、西安为运行基地。"十二五"期间,川航开通成都—墨尔本、重庆—悉尼航线,打造西部赴澳旅游的最佳空中通道;开通成都—沈阳—温哥华航线,涉足北美航线。截至 2015 年年底,川航执行国内、国际、地区航线超过 240 条。按照"十三五"企业发展规划,到 2020 年年底,川航机队规模将超过 180 架,在西部地区综合实力排名第一,并实现"三个五"的目标——"飞行安全五星奖、500 亿资产规模、5 个分公司以上规模的基地",以优异的营运水平、成熟的发展平台和卓越的品牌价值,成为一家独具特色优势的中型规模航企。

> 航空公司的市场营销企划执行和控制过程,是企业结合自身资源特点,根据外部环境变化,不断地制订、调整和修正营销战略,以实现营销目标的管理活动。当今的市场下,企业面临着一个不断变革的环境,而随着环境变化的加快,发展的趋势也越来越难以预测,在瞬息万变的营销环境下,企业要想把握瞬间即逝的市场机会,就必须建立对市场保持高度敏感、真正以顾客为导向并且能迅速调整企业策略的营销组织。

第一节　航空公司市场营销组织

"组织"就人而言,是指按一定的宗旨和系统建立的集体。市场营销组织是为了实现企业的目标，制定和实施市场营销计划的职能部门。在不同的企业，市场营销组织往往有不同的称谓；在航空公司，市场营销组织也常常不只是一个机构或科室。

一、市场营销组织的设计

1. 市场营销组织的内涵

（1）市场营销组织的含义

市场营销组织是企业为了实现预订的营销目的而使全体营销人员通力协作的科学系统，是指企业内部涉及营销活动的各个职位及其结构。市场营销组织是保证企业实现经营目标的核心职能组织，其组织形式服从并服务于企业任务和经营目标，并随着企业任务和经营目标的变化而不断变化。

市场营销从一个简单的销售功能演变为一个复杂的功能群体经历了很长的时间，市场营销组织适应市场营销功能和任务变化的需要，也经历了很长的演变时期。按照组织形态，市场营销组织的演变过程大致可以划分为五个阶段：单纯的销售部门—兼有附属职能的销售部门—独立的市场营销部门—现代市场营销部门—现代市场营销企业。现代市场营销组织就是从简单的销售单位演进而来，其演进过程反映了市场营销组织在企业经济活动中的地位和作用日益增强。

（2）市场营销组织的目标

市场营销组织的目标有以下三个方面。

① 对市场需求做出快速反应；
② 使市场营销效率最大化；
③ 代表并维护消费者的合法利益。

2. 航空公司市场营销组织的形式

航企的市场营销部门，有各种组织形式。不论采用何种形式，都必须体现"以顾客为中心"的指导思想，才能使其发挥应有的作用。

（1）职能型组织

职能型组织强调市场营销组织的各种职能，如促销、广告、市场研究和营销策划等的重要性，是最普遍的营销组织形式（图9-1）。

该组织把销售职能当成市场营销的重点，而广告、产品管理和研究职能则处于次要地位。

（2）地区型组织

有的航空公司的营销活动，会按照所面临的世界市场或全国市场的地理区域划分和设置相应的营销机构。如图9-2所示。

从事全国性销售业务的公司常常将其销售人员按地域划分，比如许多公司把中国大陆分成华东、华南、华北、西南四大区，一个全国性销售经理可以负责4个地区的销售经理，他们又分别负责若干个区域经理，每个区域销售经理又分别负责若干个小

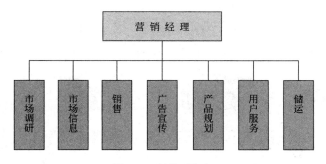

图 9-1 职能型组织

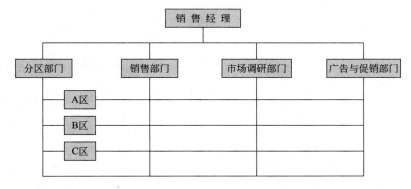

图 9-2 地区型组织

区经理,后者每人又分别负责若干个销售人员。为了使整个市场营销活动更有效,地区型组织通常都是与其他类型组织结合起来使用的。

(3)产品和品牌管理型组织

产品和品牌管理型组织是指在航空公司内部建立产品经理组织制度,以协调职能型组织中的部门冲突。在企业各产品差异很大,产品品种太多,以致按职能设置的市场营销组织无法处理的情况下,建立产品经理组织制度是适宜的。如图 9-3 所示。

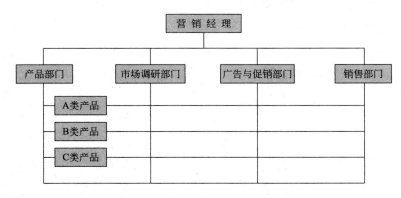

图 9-3 产品和品牌管理型组织

(4)市场管理型组织

是指航空公司按照市场系统安排其营销组织结构,使市场成为企业各部门为之服务的中心。如图 9-4 所示。

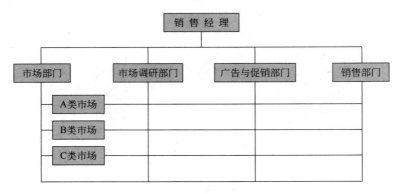

图 9-4　市场管理型组织

许多航企都在按照市场系统安排其市场营销机构，使市场成为企业各部门为之服务的中心。当企业面临如下情况时，建立市场型组织是可行的：拥有单一的产品线；市场各种各样（不同偏好和消费群体）；不同的分销渠道。

（5）矩阵型组织

产品多样化并面向多个市场的航企常面临进退两难的境地，要么采用产品管理制度，这就要求产品经理熟悉高度分化的市场；要么采用市场管理组织制度，那就要求市场经理必须熟悉他主管市场上品种极多的产品。如果任命产品和市场两位经理，这就是矩阵组织。矩阵管理组织是职能型组织与产品型组织结合的产物，它是在原有按直线系统与职能部门组成的垂直领导系统的基础上，又建立起的一种横向联系的领导系统。

（6）公司和事业部组织制度型组织

随着多产品—多市场规模的扩大，航空公司常将其产品和市场管理集群转变为独立事业部，它们再分设自己的职能部门和服务部门。

当前全球性竞争的日趋激烈、消费者和企业购买经验的日益丰富、服务性企业的迅速发展的形势都要求航企深度思考怎样组织自己的业务。

3. 市场营销组织的设计程序

企业市场营销组织的设计程序如图 9-5 所示。

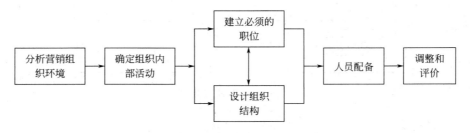

图 9-5　企业市场营销组织的设计程序

二、航空公司市场营销人员的管理

1. 市场营销人员的选拔和培训

营销人员的素质高低直接决定了企业经营效果的好坏。优秀的市场营销队伍来自组织培训。企业不仅要对入选的新的营销人员进行培训,而且要对原有的营销人员分批组织培训,以适应民航市场营销发展的新要求。

特别提示 9-1

几种主要的培训方式

(1) 入职基础培训:让新员工了解公司的理念文化、发展历程、相关政策、制度及公司各部门的职能和运作方式。

(2) 集中式的管理技能与商业知识培训:如管理技术、公文处理、合同管理、办公技术、财务基础知识、商务处理、心态调整和沟通技巧等。

(3) 专业技术的在职培训:各级主管和相关员工要悉心对其日常工作加以指导、帮助和培训,如岗位的技能、技术、业务流程和管理记录等。

2. 市场营销人员的考评

建立和健全营销人员考核制度是一项十分重要的工作。正确掌握营销人员的思想品质、业务技术和工作能力的状况,并与激励措施结合起来,这对于调动营销人员的积极性和创造性,不断提高企业的营销管理水平,具有极其重要的作用。

特别提示 9-2

青岛机场以推行微笑服务贯穿暑运保障全局,从抓微笑入手,逐一落实各项服务标准,确保员工一言一行皆遵标准、一举一动皆有提升。为进一步提高服务质量,青岛机场实行动态管理,在认真分析 7 月保障数据的基础上,于 8 月初及时修订了《服务质量奖惩制度》,修订后,各岗位在 8 月期间共收到各类表扬 195 次,比 7 月份增长 33.56%,收到了显著效果。

第二节
航空公司市场营销执行与控制

市场营销组织的工作和任务,是规划、实施和控制市场营销活动。在执行市场营销计划的过程中,难免会遇到各种意外事件,所以要不断地对市场营销活动进行监督、评价,控制其发展动向。

一、航空公司营销策略的执行

航空公司营销策划方案的执行是将方案转化为具体行动和任务,并加以实施,确保该任务完成以实现企业战略决策的既定目标的过程。也就是把企业的经济资源有效地投入到企业营销活动中，实现既定目标的过程。

"战略"和"执行"在某一个战略层次里是紧密相关的，并且要进行战术性任务的执行。影响有效执行营销企划方案的因素有四类：发现和诊断问题的技能、评价存在问题的企业层次的技能、执行计划的技能、评价执行结果的技能。

二、航空公司营销策略的控制

1. 营销策略控制的含义

是指市场营销管理者根据营销策略目标的执行情况，发现差距，及时查找原因，采取适当措施加以纠正，以保证营销策划任务的顺利完成。

2. 营销策略控制的类型

企业在执行市场营销的过程中可能会出现许多意想不到的情况，必须行使控制职能以确保营销目标的实现。为了防患于未然，或为了改进现有的营销企划方案，企业也要在计划执行过程中加强控制。市场营销企划控制主要分为四种类型：年度计划控制、盈利能力控制、效率控制和战略控制。

（1）年度计划控制

这是由企业高层管理人员负责的，旨在发现计划执行中出现的偏差，并及时予以纠正，帮助年度计划顺利执行，检查计划实现情况的营销控制活动。一般而言，企业的年度计划控制包括以下内容。

① 销售分析　销售分析就是要衡量并评估企业的实际销售额与计划销售额之间的差异情况。

② 市场占有率分析　根据企业选择的比较范围不同，市场占有率有相对市场占有率、全部市场占有率、服务市场占有率等测量指标。

③ 营销费用率分析　指营销费用对销售额的比率，还可进一步细分为市场营销调研费用率、营销费用、广告费用率、销售促进费用率、销售管理费用率、人力推销费用率等。

④ 财务分析　主要是通过一年来的销售利润率、资产收益率、资本报酬率和资产周转率等指标了解企业的财务情况。

⑤ 顾客态度追踪　指企业通过设置顾客抱怨和建议系统、建立固定的顾客样本或者通过顾客调查等方式，了解顾客对本企业及其产品的态度变化情况。

（2）盈利能力控制

取得利润是所有企业的最重要的目标之一，盈利能力控制一般由企业内部负责监控营销支出和活动的营销主管人员负责，旨在测定企业不同产品、不同顾客群、不同销售地区、不同销售渠道以及不同规模订单的盈利情况。具体考察指标如下。

① 销售利润率　指利润与销售额之间的比率，表示每销售 100 元使企业获得的利

润，它是评估企业获利能力的主要指标之一。其计算公式是：
$$销售利润率＝（本期利润÷销售额）\times 100\%$$
② 资产收益率　指企业所创造的总利润与企业全部资产的比率，其计算公式是：
$$资产收益率＝（本期利润÷资产平均总额）\times 100\%$$
分母之所以用资产平均总额，是因为年初和年末余额相差很大，如果仅用年末余额作为总额显然不合理。

③ 净资产收益率　指税后利润与净资产所得的比率。净资产是指总资产减去负债总额后的净值。其计算公式是：
$$净资产收益率＝（税后利润÷净资产平均余额）\times 100\%$$
④ 资产管理效率　资产管理效率与获利能力密切相关。资产管理效率高，获利能力相应也较高。可通过资产周转率来分析：
$$资产周转率＝（产品销售收入净额÷资产平均占用额）\times 100\%$$
资产周转率可以衡量企业全部投资的利用效率，资产周转率高说明投资的利用效率高。

如果盈利能力分析表明企业在某些产品、地区或市场方面盈利不好，那么企业就应该考虑该产品或地区在广告、分销、销售人员等环节的管理效率问题，寻求更有效的方法来管理销售队伍、广告、促销和分销等绩效不佳的营销实体活动。

（3）效率控制

效率控制是指航空公司用一系列指标对主要的营销活动效率进行检查、分析和评价，从中发现存在的问题，及时进行纠正，以促进营销效率的提高。效率控制主要包括四个方面活动效率的控制：销售人员效率控制、广告效率控制、促销效率控制和分销效率控制。

① 销售人员效率控制　销售人员效率控制，即各地区的销售经理需要记录本地区销售人员效率的几项重要指标。

② 广告效率控制　广告效率的控制至少要掌握以下资料：每一种媒体类型、每一个媒体工具触及千人的广告成本；注意、看到或联想和阅读印刷广告的人在其受众中所占的百分比；消费者对于广告内容和有效性的意见；对于产品态度的事前事后衡量；由广告激发的询问次数；每次广告成本。

③ 促销效率控制　促销效率控制是航企管理层应该对每一次销售促进的成本和销售影响做记录，并注意做好一系列统计工作。

销售促进效率的控制应注意以下资料：优惠销售所占的百分比；每一销售额中所包含的商品成本；赠券的回收率；特价品的使用频率等。

④ 分销效率控制　分销效率控制是指企业主管应该调查研究分销经济性，主要是对企业存货、仓库位置及运输方式进行分析和改进，以达到最佳配置并寻找最佳运输方式。

（4）战略控制

战略控制由航空公司的高层管理人员专门负责。营销管理者通过采取一系列行动,使市场营销的实际工作与原战略规划尽可能保持一致,在控制中通过不断的评价和信息反馈,连续地对战略进行修正。与年度计划控制和盈利能力控制相比,市场营销战略控制显得更重要,因为企业战略是总体性的和全局性的。而且,战略控制更关注未来,战略控制要不断地根据最新的情况重新估计计划和进展。

在航企的战略控制过程中,有两种工具可以利用:营销效率等级评定和营销审计。下面重点介绍营销审计这一主要工具。

3. 营销审计

所谓营销审计,是对一个组织的营销环境、目标、战略和活动所进行的全面的、系统的、独立的和定期的检查,其目的在于发现营销机会,找出营销问题,提出正确的短期和长期行动方案,以保证营销计划的实施或不合理的营销计划的修正,提高该组织的总体营销绩效。营销审计是进行营销控制、实施营销管理的重要手段,营销审计不是一次临时性工作,在工作中应注意全面性、系统性、独立性、定期性。

营销审计一般按下列程序分成四个阶段。

(1) 初审阶段

也称为准备阶段。其主要工作是明确审计的目标、范围、深度、数据来源及所需时间;熟悉被审计单位的情况;审查及测试营销控制制度,掌握其主要问题,从而订出审计工作的计划和方案。

(2) 详审阶段

即计划实施阶段。其主要工作是根据计划内容进一步收集和核实数据,确定评价标准、查阅有关资料、进行实地访问、掌握确切的资料。

(3) 结论阶段

即审计人员在审计过程中所发现的问题和改进意见的书面总结。

(4) 后续阶段

作为追踪阶段,其主要任务是审查对审计结论中所提出的建议和意见的贯彻情况,促使其贯彻实现,并在客观条件发生变化时提出修正意见。营销审计中一般可以采用任意抽样法、判断抽样法、随机抽样法、顺查法、逆查法、审阅法、核对法、分析法、推理法以及因素分析法、本量利分析法、均衡率计算法等统计和数学方法来进行。

特别提示 9-3

"营销审计"已经有了很久的历史,1959 年,美国哥伦比亚大学教授艾贝·肖克曼首次提出市场营销审计的概念。在国内其重视程度还远远不够,一提到审计,人们往往把它与"财务审计"联系在一起。实际上,传统的财务性审计反映的往往偏于结果,营销审计则偏重于产生"结果"的原因。从这个角度来说,营销审计显得更为重要。

分析思考

1. 航空公司的地面服务有哪些特点？对于航空公司而言，人力资源的调整意味着什么？

2. 结合开篇的导读案例，思考在市场反应和预期不同的情况下，航空公司怎样有效执行营销策略？营销措施怎么调整？

 实训任务

策划调研航空公司的某年度营销

【任务目的】

通过对目前市场上你感兴趣的航空公司进行市场调查，探究该公司某年度营销企划方案的特点和执行、控制情况，在调研讨论基础上进行评析。要求学生理解和掌握航空公司营销策划的目标及执行，培养学生的市场营销调研、策划能力。

【任务内容】

1. 航空公司的调查与研究

选择你感兴趣的航空公司作为研究对象。需要通过调查了解的信息如下：产品销售额、品牌知名度、美誉度、第一提及率、现金流量等数据。

2. 调研该航空公司某年度营销目标和战略

（1）调研营销目标　关于营销目标，一般都是采用数字指标进行衡量。衡量销售额目标方法也有很多，比如，把上一年度的销售额结合资源配备、竞争情况、产品生命周期的特点，进行比率估算，国内企业使用较多一些。

（2）调研营销战略　目标和战略必须保持一致。如果目标是增长目标，即销售额、市场份额的增长，战略可能是开发新的市场，也可能是提高现有顾客的消费频率，或者争夺竞争品牌的顾客；如果目标是追求短期的利润，可能减少投入，降低成本，提高产品售价或者提高资产使用效率等。

【任务组织】

本项实训活动组织以线下为例，也可以调整为线上调查。分如下 4 个阶段进行。

① 由教师担任项目总指导。

② 由学生开展市场实地调查，将学生分为 4 组，分别调查 4 个不同航空公司。

③ 调查数据整理、汇总。由各小组成员分别组织完成。

④ 每组推举 1～2 人进行全班交流发言，其他组员均可提出问题，进行讨论，评析调研结果和营销策划方案。

【任务报告】

学生完成实训后应填写实训报告，实训报告主要内容如下：实训目的、实训内容、本人承担的实训任务及完成情况、实训小结。

【任务评估】

姓名学号				班级		任务得分	
一级指标	二级指标	评价内容	考核占比	评价主体		增值评价	增值赋分
职业素养	民航精神 成本意识	小组协作完成情况 能否以严谨科学、团结协作、敬业奉献的民航精神分析、评判航空公司市场营销组织	20%	校内教师 10%		上一任务分值/本次任务分值	下降5分以下－2/ 下降3分以下－1
				企业教师 5%			不变＋0
				组内、组间学生 5%			上浮3分以上＋1/ 上浮5分以上＋2
职业素养分值							
任务知识点	学习方法 语言表达 书面表达	理解航空公司在市场营销组织中制定的年度营销战略的情况 民航消费群体对航司现行营销组织的接受程度	35%	校内教师 15%		上一任务分值/本次任务分值	下降5分以下－2/ 下降3分以下－1
				企业教师 10%			不变＋0
				组内、组间学生 10%			上浮3分以上＋1/ 上浮5分以上＋2
任务知识点分值							
任务技能点	实践操作能力 创新能力 自我调控能力	从需求端分析航空公司营销组织策略的成本竞争优势的情况 可用数据的判断分析能力 根据问题提出解决思路的能力	45%	校内教师 20%		上一任务分值/本次任务分值	下降5分以下－2/ 下降3分以下－1
				企业教师 15%			不变＋0
				组内、组间学生 10%			上浮3分以上＋1/ 上浮5分以上＋2
任务技能点分值							

参 考 文 献

[1] [美]菲利普·科特勒,[美]加里·阿姆斯特朗. 市场营销：原理与实践. 16版. 楼尊,译. 北京：中国人民大学出版社,2015.
[2] 白杨,李卫红. 航空运输市场营销学. 北京：科学出版社,2012.
[3] 黄蕾,周建设. 航空服务营销. 武汉：武汉理工大学出版社,2010.
[4] 陈斌,张译. 航空服务营销. 北京：科学出版社,2012.
[5] 张玉. 民航运输市场营销管理. 北京：人民交通出版社,2013.
[6] 綦琦. 民航国内国际客票销售. 北京：国防工业出版社,2016.
[7] 黄娜,李琴. 服装营销企划. 石家庄：河北美术出版社,2009.
[8] 张黎明. 市场营销学. 成都：四川大学出版社,2017.
[9] 肖温雅,胡月. 航空服务营销实务. 北京：科学出版社,2015.